UNIVERSITÉ DE FRANCE.

ACADÉMIE DE STRASBOURG.

DE LA
SÉPARATION DE CORPS.

DISSERTATION
POUR LE DOCTORAT

PRÉSENTÉE

A LA FACULTÉ DE DROIT DE STRASBOURG,

ET SOUTENUE PUBLIQUEMENT

LE JEUDI 10 JANVIER 1856, A MIDI,

PAR

ALBERT HEPP,

DE STRASBOURG.

STRASBOURG,
IMPRIMERIE DE G. SILBERMANN, PLACE SAINT-THOMAS, 3.
1856.

UNIVERSITÉ DE FRANCE.

ACADÉMIE DE STRASBOURG.

DE LA
SÉPARATION DE CORPS.

DISSERTATION
POUR LE DOCTORAT

PRÉSENTÉE

A LA FACULTÉ DE DROIT DE STRASBOURG,

ET SOUTENUE PUBLIQUEMENT

JEUDI 10 JANVIER 1856, A MIDI,

PAR

ALBERT HEPP,

DE STRASBOURG.

STRASBOURG,
IMPRIMERIE DE G. SILBERMANN, PLACE SAINT-THOMAS, 3.
1856.

FACULTÉ DE DROIT DE STRASBOURG.

MM. AUBRY ✱ . . . . doyen et prof. de Droit civil français.
   HEPP ✱ . . . . , professeur de Droit des gens.
   HEIMBURGER . . . . . . professeur de Droit romain.
   THIERIET ✱ . . . . . . professeur de Droit commercial.
   SCHÜTZENBERGER ✱ . professeur de Droit administratif.
   RAU ✱ . . . . professeur de Droit civil français.
   ESCHBACH . . . . . . professeur de Droit civil français.
   LAMACHE ✱ . . . . . professeur de Droit romain.
   DESTRAIS . . . . professeur de procédure civile et de
                   législation criminelle.

BLŒCHEL ✱ . . . . . professeur honoraire.

MICHAUX-BELLAIRE. .
BEUDANT. . . . . } professeurs suppléants provisoires.

BÉCOURT, officier de l'Université, secrétaire, agent compt.

MM. SCHÜTZENBERGER, président de la thèse.
   RAU,
   ESCHBACH,
   LAMACHE, } examinateurs.
   BEUDANT,

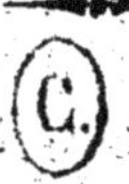

JUS ROMANUM.

De divortiis.

I. De dissolutione vinculi conjugalis disserturus haud abs re censeo de nexu ipso inter conjuges, quâ ratione inducatur, nonnulla præmittere.

Propagationem generis humani homini incumbere naturæ ordo, quo differentiam sexûs introductam conspicimus, satis docet. Prima ergo et præcipua societas conjugium fuit. In hoc etenim præter tenerrimam animorum conjunctionem, juris, fortunæ, dignitatisque participationem, maxima vitæ conciliatur felicitas, generi humano immortalitas, reipublicæ inconcussum stabilimentum. Horum saluberrimorum fructuum antiquitas haud ignara de nullâ re magis sollicita fuit quàm de conjugio ritè habendo, quod ex XII tab. legibus inter alias colligere est. His autem legibus auctoritati patrisfamilias præsertim fautum erat. Nôrunt enim Romani ex lege naturæ sanctissimum et inviolabile esse fœdus inter maritum et uxorem, sed, quum apud omnes populos, naturali utriusque sexûs habilitate, uxor directioni mariti obnoxia est, Romæ non solum viri conditio potior erat, sed maritus plenissimam potestatem in uxorem habebat, quæ in manu suâ erat, tanquam filiafamilias[1]. Et posteriori quoque jure non solùm maritos uxorum suarum *dominos* appellari (L. 38, pr., *D. de donat. int. vir. et uxor.*), sed etiam ex subjectione (L. 14, *D.,* § 1, *Sol. matrim.*), obsequioque et reverentia marito debita absolute uxorem maritum sequi teneri, et potestatem maritalem comprobatam reperimus, cùm è contra uxori tale quippiam in maritum nunquam competat. Hinc igitur satis conspicuum est ex initâ societate conjugali imparem planè profluere obligationem, atque, alteri concesso in omnibus imperio, alteri saltem in omnibus obedientiam impositam esse.

II. Hæc circa matrimonium principia præsertim valuerunt cùm de divortio, id est de dissolutione matrimonii agebatur, et verisimile est legibus XII tab. marito tantum ab uxore et non huic a marito divertere permissum fuisse. Vocabulum autem *divortium* a verbo *divertere*, quod propriè significat secessionem a viâ cui insistimus facere, metaphoricè refertur ad animos conjugum a se invicem divertentium inque partes diversas euntium, totalemque conjugii dissolutionem tentantium (L. 191, *D. de v. s.*), et cùm Gaius (L. 2, *D. de div. et repud.*) divortium quoque dictum putat a *diversitate mentium*, minus propriè loqui videtur. Repudium autem propriè non synonima divortii est, sed sponsaliorum solutionem significat (L. 191, *D. de v. s.*). Divortium tamen et repudium sæpè indifferenter pro uno eodemque accipitur (L. 3, *D. de div. et rep.*). Sicut autem primis temporibus matrimonia triplici contracta fuisse modo constat, nempè usu, coemp-

[1] Feminæ olim tribus modis in manum conveniebant, usu, farreo, coemptione. Caii *Inst.*, lib. I, §§ 109 et 110.

tione et confarreatione, itaque quoque eadem contrariâ ratione dissolvi, haud dubium est. Rara tamen vel nulla divortii vestigia primo ævo comperimus, adeò ut intra sexcentos annos U. C. (alii intervallum illud trecentum et triginta annorum faciunt) nullam domum sensisse, primumque Sp. Servilium Rugam, de sententiâ et jussu censorum, uxorem suam ob sterilitatem dimisisse auctores referant (Gell., lib. IV, cap. 3. Val-Max, lib. II, cap. 1). Posteà verò effrenata repudiandi licentia latiùs serpsit, multis Imperatorum legibus (*L. Jul.*, *De adult.*) vix comprehensa. Uxori enim sicut marito libellum repudii mittendi facultas data est. Cùmque non raro ex levi causa simplici alterius arbitratu ob minima fribuscula maxima inter conjuges exorta odia adeò ut exindè temerariæ et frivolæ factæ sint separationes, quod innuere videtur Ulp. l. 32, § 12, *D. de don. int. vir. et ux.*, et ita neque ob inimicitiam recedere, neque territi ab odio desistere, nec ullâ ratione discordiam mitigari voluerint, nisi permissis divortiis (vid. *Nov. const.* 140 *præfat.*), undè verisimile est Romanos his inductos argumentis esse, ut permiserint conjugibus ab invicem divertere, nullâ quoque causâ divortii allegatâ[1] (L. 62, *D. de don. int. vir. et ux*). Et de magnâ hâc divortiorum frequentiâ etiam seculis insequentibus testem habemus Tertullianum dicentem : «Repudium jam et votum est et quasi matrimonii fructus» (*Apolog.*, cap. VI), plerosque horum temporum auctores.

III. Ritus divortii expediebatur partim vivâ voce, denunciatione per libertum a marito legatum factâ[2],

---

[1] Nihil tam naturale est quam eo genere quidve dissolvere, quo colligatum est. L. 35, *D. de R. S.*

[2] Juvenal, *Sat.* X.

partim per certos actus, veluti libelli traditionem, ademptionem clavium, tabularum nuptialium diruptionem, partim per septem testium adhibitionem, quos in quovis divortio necessarios fuisse Romani putaverunt (L. 9, *D. de div.*). Accedit restitutio clavium a parte mulieris divertentis (Cujacius, *Exposit. Nov.* 22) ; formæ verò antiquæ per diffarreationem, etc., in desuetudinem cecidorunt. Argumentum autem libelli repudii erant verba solemnia hæc potissimùm : *tuas res tibi habeto*, item hæc : *tuas res tibi agito* (L. 2, *D. de div.*).

IV. Certum est causas divortiorum olim non fuisse certas nec lege aliquâ definitas, patriâque potestate quoque conjuges divelli aliquandò coactos fuisse usque ad tempora pii Antonini (Paul. *Sentent.*, lib. V, tit. 6, § 15). Aliter tamen sese res habuit tempore Constantini Theodosii et Valentiniani aliorumque christianorum Imperatorum ubi certæ legeque positæ causæ ex utrâque parte se sistunt, ob quas liceret marito uxorem repudiare et ob quas uxori a marito divertere (L. 8, § 4, et L. 11, § 1, *C. de deport. et aq. et ign. interd.*). Quod approbat et laudat Justinianus, *Novellâ* XXII, o. 15, §§ 1 et 2, quâ XIV causas justi divortii ex utriusque parte recenset, et cap. 16 tres novas contra feminam addit, cùm jam consensus (cap. 4) causa ab eo sancita fuerat. Favebat enim divortio « quoniam eorum quæ in hominibus sequuntur, quidquid ligatur solubile est » (ibid., c. 3). Eâdem novellâ dat mulieri, præter casum bonæ gratiæ divortii, dotem percipere et antenuptialem donationem totam, viri lucrari dotem, antenuptialem verò habere donationem. Quod si sinè justâ causâ divertissent, mulier et vir dotem et antenuptias donationem amittebant. Præterea mulieri primùm antè quinquennium (*Anastasii Constitutione*), posteà verò ante annum ad secundas nuptias convolare non licebat, quod non observandum erat in viro, quia nulla circa sobolis confusionem suspicio est.

V. Rationabiles causas divortiorum bonâ gratiâ permittendi quod attinet, invenimus earum quatuor, si evolvimus *Novellam* XXII, quas strictim percurramus. Prima fuit *monachismus*, hoc est, si alter conjugum ambove in monasterium ingressi, studio castitatis colendæ et vitæ melioris, vitam solitariam sectati fuerint (c. 5). Secunda fuit *impotentia*. Quo casu eveniente post triennium femina repudium mittere potest, tumque vir reddit dotem; propter nuptias autem seu ante nuptias donatio manet apud virum nihil de suo damnificandum (c. 6). Tertia causa fuit *captivitas;* si verò conjux in republicâ manens scivit conjugem in captivitate vivere, tum neutiquam licuit ipsi divertere, aliasque nuptias quærere, nisi pœnam injusti divortii incurrere voluerit. Si incertum est utrum conjux superest an non qui ad hostes devenit, quinquennium expectandum est, post quod nubere licebit sinè periculo, et unusquisque in suis bonis manebit (c. 7). Aliter verò se res habuit cum dissolutione quoad maritum militem in expeditione viventem; tum enim non priùs ad virum secundum veniat mulier quam decennii transeat tempus, « et hæc importuna quidem sit viro mittens litteras, aut per aliquos verbis utens ad eum (c. 14). » Quarta denique causa fuit *servitus*. Conjux in servitutem redactus pro mortuo habebatur; eratque cum servo non connubium, neque dos neque donatio propter nuptias (§ 12, *Inst. de nupt.*, 1, 16, *D. solut. matr.*). Consequenter si quis cum servâ contraxit quam tamen putavit liberam, tum hoc matrimonium non dissolutum sed ab initio ipso jure nullum declaratum fuit (c. 10), errantis enim nullus est consensus (L. 2, *D. de jud.*). Hæ sunt mitiores nuptiarum solutiones, tanquam generali quâdam ratione bonâ gratiâ factæ.

VI. Causæ autem repudii quas alteri conjugum invocare est veluti remedium in culpam alterius, quatuordecim sunt in maritum, septemdecim in mulierem, sicut § IV diximus. Uxor enim libellum mittere licuit si valuerit ostendere maritum aut 1° adulterio delinquentem, aut 2° reum homicidii, aut 3° veneficii, aut 4° seditionibus occupatum, aut 5° machinatum aliquid contra ipsum imperium, aut 6° condemnatum falsitatis, aut 7° sepulcra effodientem, aut 8° ex aliquâ sacrarum domuum aliquid rapuisse, aut 9° latrocinii sectantem vitam, aut 10° latrocinantes suscipientem, aut 11° unum eorum qui appellantur abigei (quibus est cura alienis insidiari animalibus aut jumentis et ea transponere alibi), aut probet 12° plagiarium esse, aut 13° ita luxuriosè viventem ut, inspiciente uxore, cum aliis corrumpatur (quod maximè mulieres nuptas, utpote circa cubile stimulatas, exasperat, et præcipuè castas), aut si 14° insidias se passam a viro probet circa ipsam salutem, aut venenis aut gladio, aut per alium aliquem talem modum, aut etiam si flagellis super eâ utatur. Et contrà licentia datur viro mulierem abjicere si probet eam 1° adulteram, aut 2° veneficam, aut 3° homicidam, aut 4° plagiariam, aut 5° sepulcrorum violatricem, aut 6° sacrilegam, aut 7° faventem latronibus, aut 8° viro nesciente vel etiam prohibente gaudentem conviviis aliorum nihil sibi competentium, vel etiam 9° invito viro citra rationabilem causam foris pernoctantem, aut 10°

extra ejus voluntatem circensibus congaudentem et spectaculis inhærentem, aut theatris advenientem ubi scena et talia sunt, aut etiam ubi bestiis adversùs homines pugna est, aut 11° insidias sibi facientem ex venenis, vel gladio, vel alio modo, ex quibus circa vitam periculum est, aut 12° consciam tyrannidem meditantibus, aut 13° falsitatis ream, aut 14° audaces ejus manus inferentem sibi, aut 15° ex studio abortum facientem, aut si probet ut mulier 16° cum viris voluptatis occasione lavetur, aut denique 17° adhuc constante matrimonio ad alios de nuptiis suis loquatur. Hæ causæ *Novellâ* XXII, c. 15 et 16 enumerantur.

VII. Ne verò quis putet licuisse conjugi propriâ auctoritate repudiare, si aliquæ vel plures ex his causis adfuerint, monendùm est comprobatione judicis hic opus esse (c. 16). Non enim divortia privatâ auctoritate, sed per sententiam fieri debuerunt, etiamsi quis justas et idoneas ejus rei causas se habere existimet.

VIII. Hoc jus in *Novellâ* XXII a Justiniano positum ipse Imperator *Novellâ* CXVII evertit, divortium ex consensu autulit « nisi fortè conjuges castitatis concupiscentiâ hoc fecerint » (c. 10), vel femina a marito impotenti discederit, et ex justis repudii causis plures abscindit, ne nimis facilè nuptiarum solutiones fierent. Jam nequidem post decennium mulieri militis in expeditione ad alias nuptias transire permissum est, sed tantum post illius mortem, modo c. 11 indicato, probatam; quòd si præter hanc observationem mulier præsumpserit ad alium venire matrimonium, et ipsa et qui ducit eam uxorem velut adulteri puniantur. Causæ autem ex quibus maritus justè uxorem abjicere poterat hæ sex fuerunt: 1° Si contra imperium cogitantibus aliquibus conscia sit mulier, aut etiam viro suo non indicet. Quam tamen causam haud invocare licuit si ipso hoc denunciatum tacente, mulier per quamcumque personam hoc imperio declaravit; c. 8, §1. 2° Si maritus putaverit uxorem suam de adulterio convinci posse. Hoc probato ex uxoris bonis in proprietate tantum accipit « quantum dotis tertia pars esse cognoscitur, » si filios non habet (retentio ob mores); si vero filii sunt ex eodem matrimonio, dos etiam aliaque mulieris substantia filiis conservatur (retentio propter liberos), ususfructus vero parenti innocenti, quod etiam ante novellas obtinuisse testatur l. 11, § 5, *D. ad L. Jul. de adult.* 3° Si quolibet modo mulier vitæ viri fuerit insidiata seu insidias aliorum viro non declaraverit. 4° Si cum viris extraneis nolente marito convivatur, aut cum eis lavet. 5° Si nolente marito foris domum manserit, nisi forsan apud proprios parentes. 6° Si circensibus aut theatris aut amphitheatris interfuerit ad spectandum, ignorante aut prohibente viro, c. 8, §§ 2, 3, 4, 5, 6. — Et rursùs causæ ob quas mulieri a marito discedere licet quinque sunt, cap. 11 hujus *Novella* enumeratæ : 1° Si maritus contra imperium aut ipse cogitaverit aliquid, aut cogitantibus conscius non indicaverit imperio aut per se aut per quamcumque personam, §1. 2° Si vir quolibet modo insidias in mulierem struxit aut aliis hoc facientibus non manifestaverit uxori, et studuerit secundùm leges ulcisci, § 2. 3° Si maritus uxoris castitati insidiatus aliis etiam eam adulterandam tentaverit tradere, § 3. 4° Si vir de adulterio inscripserit uxorem, et adulterium non probaverit, § 4. 5° Si quis in suâ domo in quâ cum suâ conjuge commanet, contemnens eam, cum aliis inveniatur in eâ domo manens, aut in eâdem civitate degens in aliâ domo cum aliâ mulieri frequenter manere convincitur, et, non obstantibus observationibus parentum amicorumve fide dignorum hujusmodi luxuriâ non abstinuerit, § 5. Quum propter quartam vel quintàm causam divortium flebat, maritus pecuniâ mulctabatur, nempè, si filii ex matrimonio non erant, tantum dominii titulo mulier accipiebat ex viri substantiâ quantum propter nuptias donationis tertia pars erat, si verò filios habuerit, omnis mariti substantia filiis conservabatur, firmis manentibus quæ de ante nuptiali donatione aliis legibus continentur, § 4. Sicut autem dotem mulier adulterii noxia, sic antenuptialem donationem maritus hoc casu perdit, ususfructusque parenti innocenti reservatur et proprietas liberis, § 5 (vid. supra). Ex consensu quidem, non ex dote oriebatur matrimonium, quod etiam sinè dote consistebat. Imperator jussit maritum sinè causâ u. ori indotatæ repudium mittentem quartam ei partem fortunæ suæ dare, si minor quadringentis auri libris erat, si verò major, maximum quod dare cogebatur centum auri libræ erant. Item si femina virum sinè causâ repudiabat iisdem pœnis mulctabatur. Hoc de divortii pœnis satis est: quod enim adulterii pœnas vel illorum qui castitatis causâ separati posteà luxuriosè vivunt (vid. c. 10 et 15) attinet, potiùs ad jus criminale spectat, nec hìc explicandum censeo. -

IX. Jure antiquo scimus, moribus patriæ auctoritati faventibus, liberos patris sub tutelâ mansisse etsi ipse pater divortii causam præstaverit. Hoc autem jus jam *Const. un.*, *Cod. div. fact.*, quâ positum est competentem judicem æstimare debere utrum apud patrem an apud matrem filii morari ac nutriri debeant, eversum est.

Quod rursus in hac *Novellâ* CXVII, cap. 7, de eo quod magis liberis interest consulente, in eo modificatum fuit quod si pater separationis occasionem præbeat, et mater ad secundas non venerit nuptias, filii apud matrem nutriantur, expensas patre præbente. Si verò per causam matris dissolvatur matrimonium, apud patrem maneant et alantur liberi, nisi forsan minùs idoneus sit et mater locuples.

X. Hoc jus justinianeum circa divortia. Quod tamen sequentibus imperatoribus rursùs partìm mutatum est, de quibus mutationibus haud ampliùs disserendum puto.— *Constitutionibus* CXII et CXXII Leonis Augusti, 1. 16, *D. de rit. nupt.* derogantibus, dementia uxoris justa causa divortii introducta est, et dementia mariti post quinquennium. Jus denique partìm novum introductum est *Novellâ* CXL Justini, quâ mutuus consensus rursùs accipitur, et *Constitutionibus* XXX, XXXI, XXXII et XXXIII Leonis, quæ leges punitivæ de dissolutione morum istis temporibus testantur.

DROIT FRANÇAIS.

De la séparation de corps.

INTRODUCTION.

1. La femme est l'égale de l'homme. Ce dogme fondamental de la nature n'est entré qu'à grand'peine dans le domaine du Droit. La civilisation romaine tout entière l'ignora, et il fallut que le christianisme inspirât à Justinien le syllogisme qui l'introduisit dans la loi positive : les sexes, dit-il, sont égaux, parce qu'ils concourent également à la reproduction de l'espèce. Il argumentait de l'effet à la cause. La philosophie de la nature argumente de la cause à l'effet, et trouve l'égalité dans l'amour, unité féconde de l'univers. Sans égalité pas de propagation. La Bible elle aussi dit : « Dieu donc créa l'homme à son image, il le créa à l'image de Dieu ; il les créa mâle et femelle [1]. » L'homme c'est la dualité humaine.

2. C'est le christianisme qui a affranchi la femme et fait, par conséquent, du mariage une institution dont la dignité repose sur la liberté et l'égalité. Chez les anciens, la conscience n'est permise qu'à l'homme, et

____

[1] Genèse, I, 27. En hébreu homme se dit *isch*, et femme *ischa*.

dans les limites où la restreint le matérialisme social. Les philosophies grecque et romaine sont un travail vers l'affranchissement moral. Avec le christianisme entre vainqueur dans le monde ce fait immense de la liberté spirituelle, seule cause du mérite de l'individu, qui est citoyen de l'Église [1] et indépendant, quant à sa conscience, de la société temporelle. Cette liberté appartient à la femme comme à l'homme [2]. C'est maintenant que le mariage apparaît dans sa moralité; nous dirions volontiers qu'il n'a pas existé jusque-là.

3. Mais si l'égalité des sexes, proclamée par la doctrine chrétienne, reçut dès le VIIe siècle la consécration de la loi civile dans l'œuvre de Justinien, l'idée du mariage chrétien était encore trop contraire aux mœurs de ces temps, trop sévère, pour que son triomphe fût aussi facile. Les efforts des pères de l'Église et des conciles ne réussirent pas à faire entrer dans les codes [3] ni dans les coutumes les principes évangéliques, et le droit du forum resta différent du droit du ciel, pour employer l'expression de saint Augustin. L'Église, en effet, qui avait été partagée d'abord sur la question du divorce, les uns l'admettant pour adultère, les autres

[1] C'est l'égalité chrétienne devant Dieu qui a produit l'égalité civile devant la loi. Le citoyen de l'Église est devenu citoyen de l'État.

[2] Il n'y a plus, dit le Christ, de distinction entre la femme et l'homme, entre le juif et le gentil.

[3] Il suffit, pour s'en convaincre, de se souvenir des nombreuses causes de divorce admises par les empereurs chrétiens Constantin, Théodose, Valentinien, Justinien (*Nov.* 22 et 117), Justin (consentement mutuel, *Nov.* 140), causes parmi lesquelles figure toujours la conspiration contre l'État, tant, en ces temps de décadence, l'intérêt politique, conformément aux vieilles traditions de matérialisme social, faisait courber sous lui l'intérêt social, c'est-à-dire civil, et à plus forte raison l'intérêt religieux.

le repoussant, avait fini par adopter la doctrine de ce père (concile de Fréjus, an 791), et, en déclarant le mariage un sacrement, l'avait rendu indissoluble. Il fallut que le droit du ciel devînt aussi le droit du forum, — et ce fut le cas au XII° siècle, quand les officialités ou tribunaux ecclésiastiques devinrent les seuls juges des causes matrimoniales, — pour que l'Église réussît à faire entrer dans les coutumes des peuples sa propre législation du mariage. Les papes sont devenus les tuteurs du monde, et l'État est soumis à l'Église pendant des siècles.

4. Ce serait donc manquer gravement à la méthode historique, et par conséquent à la vérité, car l'histoire est la mère du Droit, que de vouloir ignorer l'influence de l'Église sur le mariage; il ne faut pas oublier que c'est elle qui a élevé la société moderne, et qui l'a imprégnée de l'Évangile. Ce n'est pas à dire sans doute que le législateur d'aujourd'hui soit asservi à la tradition canonique, car l'État s'est émancipé. Ce résultat de la civilisation doit être maintenu comme le palladium de la société moderne, vis-à-vis du moyen âge et de l'antiquité, car c'est son signe distinctif. Mais ce n'est pas le méconnaître que de proclamer le caractère religieux du mariage, et, s'il faut revendiquer en faveur de la loi une absolue indépendance pour organiser cette institution, il est juste de n'oublier jamais que sur cette question la tradition est un flambeau sur lequel il faut avoir les yeux fixés. Car nulle philosophie n'a eu une idée plus haute du mariage que le christianisme, et c'est la force du mariage qui fait la force des sociétés.

5. Le mariage n'est pas un contrat. La singulière définition que Kant en donne, en disant que c'est « l'union

de deux personnes de sexe différent, établie pour la possession réciproque de leurs qualités sexuelles pendant toute la vie[1], » est relevée par M. de Savigny[2], qui cependant ne peut se refuser à trouver dans le mariage un contrat, sur cette observation que son existence dépend du libre arbitre de deux personnes. Il en fait un contrat ne donnant pas naissance à des obligations certaines, mais à une obligation générale, morale et non juridique, de vivre suivant les lois chrétiennes qui règlent cette union[3]. Cette solution, sur laquelle le célèbre historien du Droit romain n'insiste que pour établir une certaine parenté entre le mariage, la tradition, d'une part, et les contrats obligatoires (*obligatorische Verträge*)[4], de l'autre, ne lève pas la difficulté. Il s'agit, en effet, de décider si le mariage est un contrat, parce que tout contrat qui se forme par le consentement se résout par le dissentiment. Or, quand il n'y a pas d'objet d'intérêt juridique sur lequel les volontés se rencontrent, la notion de contrat disparaît. L'explication de M. de Savigny, tout entière inspirée par une préoccupation de système, doit donc s'interpréter dans l'intérêt du système. D'ailleurs, dire que le contrat a pour objet ici une obligation indéfinie et purement morale, c'est appliquer des notions juridiques à des matières qui échappent au Droit; et on ne définit pas par analogie.

---

[1] *Die Ehe ist die Verbindung zweier Personen verschiedenen Geschlechts zum lebenswierigen wechselseitigen Besitz ihrer Geschlechtseigenschaften.*

[2] *System des heutigen römischen Rechts, t. III, § 141.*

[3] Ibid.

[4] Ibid. *Wichtig ist es, dass das Gemeinsame, wodurch die Ehe, die Tradition, u. s. w., mit den obligatorischen Verträgen verwandt sind, bestimmt anerkannt werde.*

Hegel, qui combat à son tour la définition de Kant, demande comment le mariage pourrait être un contrat, lui dont le but est de détruire la dualité des volontés et de faire une seule personne de deux[1]. Ce n'est pas qu'il méconnaisse que c'est la liberté qui doit le conclure[2], ni qu'il prétende que c'est la possession qui le fait[3], mais il proclame que l'essence du mariage n'est pas l'amour, mais la piété domestique, le devoir. Il donne cette belle définition : le mariage est un amour d'une nature juridique et morale, qui ne laisse pas de place à l'inconstance, au caprice, à ce qui est purement subjectif[4]. C'est l'amour instinctif qui en fait sans doute l'unité constante, de même que c'est la loi (raison) qui est l'unité de l'État[5]; mais il ne dépend pas de nous de vivre dans le mariage ou non; le devoir moral est d'y entrer, car c'est en formant l'unité de l'espèce que nous arrivons à notre but, c'est par là seulement que nous nous affranchissons de l'individu pour acquérir conscience de nous-mêmes dans une autre personne (*substantielles Selbstbewusstseyn*)[6]. C'est cette conscience de l'unité qui fait la moralité du mariage; l'intérêt sexuel prend le second rang; le premier appartient à l'esprit, qui est devenu le lien lui-même. C'est l'esprit moral, que l'imagination personnifie dans les pénates. Le mariage est donc indissoluble dans l'idée, car son

---

[1] *Philosophie des Rechts*, t. VIII, § 162.
[2] Ibid., § 104.
[3] Ibid., § 164.
[4] Ibid., § 161.
[5] Ibid., § 188.
[6] Ibid., § 162.

but moral est si haut placé, qu'aucune faute de l'individu ne doit pouvoir l'atteindre[1].

6. La philosophie n'est donc pas condamnée, comme on semble le croire trop souvent, à détruire le mariage par son analyse. Elle est la raison de l'humanité, et l'humanité, comme la société qui en est un élément, comme l'homme qui en est l'atome premier, lui demande d'expliquer et de légitimer cette institution. Dès que les sociétés naissent (nous admettons pour le moment, mais sans y croire, l'hypothèse d'un état primitif de nature), dès qu'à côté de la loi de la nature vient se placer la loi civile, à côté du droit naturel le droit social, on voit disparaître le droit de caprice et d'inconstance, et le mariage reçoit des lois soit de la coutume, soit du législateur[2]. De l'association humaine naît la nécessité d'une loi qui règle les rapports des sexes, et enlève au sentiment le droit d'instabilité inhérent en lui, au nom de l'ordre présent et à venir. Mais la base sur laquelle le droit civil doit faire reposer le mariage étant l'instinct sexuel se manifestant par un choix déterminé, il serait impossible de fixer cet instinct par la peine seulement, et de lui interdire les écarts qu'il comporte au nom de la seule répression

---

[1] *Philosophie des Rechts*, t. VIII, § 163. Nous citons encore ce passage : «*Es ist die Frechheit und der sie unterstützende Verstand, welcher die speculative Natur des substantiellen Verhältnisses nicht zu fassen vermag, der aber das sittliche, unverdorbene Gemüth, wie die Gesetzgebungen christlicher Völker entsprechend sind.*»

[2] *Die Ehe, und wesentlich die Monogamie, ist eines der absoluten Principien, worauf die Sittlichkeit eines Gemeinwesens beruht; die Stiftung der Ehe wird daher als einen der Momente der göttlichen oder heroischen Gründung der Staaten aufgeführt.* Hegel, *Philosophie des Rechts*, t. VIII, § 167.

sociale. La nature humaine résisterait, et la vivacité du sentiment particulier ne se laisserait pas convertir à la stabilité par la raison de l'intérêt général. Il lui faut des motifs qui agissent plus spécialement sur lui, et c'est la religion qui les lui montre. La religion est à la naissance des sociétés l'associée de la loi, et le lien qui attache les hommes à l'inconnu, à l'univers, à Dieu, est aussi celui qui les attache les uns aux autres. Dans l'antiquité, le culte des pénates, dieux de la famille, se forme en même temps que le culte de Jupiter, et sous son égide. Dans le monde chrétien, la piété de la famille s'abrite sous la foi en Christ, et l'union de Jésus avec l'Église est assimilée au mariage de l'homme et de la femme. D'abord l'union conjugale dont la société a besoin est sanctifiée par la religion. Le droit est sacerdotal avant d'être philosophique. Mais aux époques où la foi religieuse chancelante fait vaciller la foi sociale, où l'Église n'est plus une assise solide pour l'État, c'est à la philosophie à succéder à la religion, et à déterminer à son tour la forme rationnelle des sociétés humaines. Et, certes, il n'est pas d'œuvre plus grande et plus digne de l'humanité que celle de fonder ce fait éternel, l'association, sur les seules facultés de l'homme; l'on peut dire dans ce sens que plus le monde deviendra humain, plus il sera divin.

7. Or, la philosophie nous autorise à faire le mariage civil indissoluble comme le mariage religieux (n° 5). Ce n'est pas sans doute au point de vue exclusif de la morale que le législateur doit se placer, quoique, ainsi qu'il a été dit, la loi ne puisse méconnaître l'histoire et ce fait que dans la question du divorce le christianisme représente la morale même, vis-à-vis de l'immoralité

antique (n° 4). Mais le Code civil n'applique la morale que dans la mesure du bien social. Or, le bien social exige-t-il le divorce? Non. Ce n'est plus ici au nom de l'histoire que nous le repoussons, c'est au nom de la république. Si, à de certaines époques, les mœurs semblent appeler des lois faciles comme plus conformes à la nature *ondoyante* du cœur humain, elles puisent sans doute leurs arguments dans des doctrines qui ont marché en avant d'elles. Le dix-huitième siècle finit logiquement par la loi du divorce, lui qui avait fait avec Rousseau de la société un contrat, et de l'état de nature son rêve et son idéal. Mais la théorie dite sociale du dix-huitième siècle a été principalement une théorie politique. Toute son attention est absorbée par la forme des gouvernements; elle a été bonne comme telle, elle a été grande et juste. Montesquieu et Rousseau ont légitimement affranchi l'homme en faisant de sa volonté la source du *pouvoir*; mais c'est l'asservir que d'en faire la base de tous les rapports sociaux. Si le pouvoir est de droit humain, la société est de droit divin, car c'est en elle seule que toutes les facultés de l'homme trouvent leur développement, et elle est nécessaire. La proclamer contingente c'est méconnaître la loi qui régit l'existence de l'humanité, et détruire la liberté; car il n'y a de liberté que dans la loi, c'est-à-dire que la possibilité d'être libre disparaît avec la règle à suivre. La personne ne peut être isolée, car elle n'existe que par l'humanité, dans la société; c'est en elle seulement qu'elle gagne son individualité propre; elle est donc forcée d'y vivre. Ainsi la société se fait malgré nous. Mais elle ne se conserve comme telle que par le mariage; c'est un instinct élevé à la hauteur d'une institution, institution qui, à son tour, pour être parfaite, doit être animée de la force de l'instinct. Les sexes ont besoin de se compléter l'un par l'autre; mais le sexe n'est pas seulement nature physique, il est aussi nature morale, nature féminine, nature masculine. Faire des deux natures incomplètes un seul être conscient, voilà en même temps le sommet le plus élevé auquel l'homme puisse atteindre, et le but le plus haut auquel la vie sociale doive aider à parvenir. La société n'a donc aucun intérêt à ouvrir à deux personnes qui doivent tendre à ce but[1] l'expectative de la dissolution du lien qui les unit, car leurs efforts pourraient en être diminués. Elle n'a pas même d'intérêt à offrir ce remède aux personnes pour lesquelles l'espoir d'une pareille entente a disparu dans la haine, dans une incompatibilité absolue d'humeur, car elle n'est pas en droit d'interroger les consciences, et elle ne peut donc jamais connaître les secrets des antipathies; elle doit par conséquent supposer le mal où il y a discorde, et alors le remède à ce mal c'est la séparation sans possibilité de se remarier. Ce n'est pas sur le plaisir, mais sur l'ordre, sur la moralité que la société repose. Le divorce favorise et augmente l'immoralité; il n'y a plus guère de doute à élever sur cette assertion de l'expérience historique ancienne et moderne. Tacite et Juvénal auraient pu parler en 1793 comme ils l'ont fait de leur temps.

[1] Une école moderne prêche : « Il est immoral de maintenir un mariage, quand les cœurs sont devenus complétement étrangers; il faut au contraire alors rompre le lien, pour permettre aux personnes unies de contracter ailleurs une union morale, selon la nature. » Mais le but de chacun dans la société est-il de réaliser un mariage parfait? N'est-il pas plutôt de rendre aussi parfait que possible celui qu'il a conclu? L'éloignement des cœurs est un acte qu'il faut s'efforcer d'éviter, et l'antipathie est le plus souvent une sympathie placée ailleurs.

Et le divorce même du Code civil, quelque étroites que soient les limites dans lesquelles il est resserré, offre en germe les mêmes inconvénients que la loi de 1792.

8. Les discussions du conseil d'État sur le titre *Du divorce* se ressentent d'un désir évident de transiger. C'est une transaction entre les mœurs des dix dernières années et la nécessité de donner à la société française une loi qui la rétablît sur des fondements solides[1]. Le mariage est avant tout une affaire de mœurs et de foi, et, la foi manquant, il s'agissait de refaire les mœurs par la loi, car c'était la loi aussi qui les avait corrompues. Telle est la nécessité des sociétés modernes. Aussi les plus sévères esprits et les plus grands jurisconsultes, Tronchet, Portalis, Maleville, se montrent-ils enclins à retrancher le plus possible des conséquences du principe même du divorce, qu'ils ont adopté sous la pression de l'opinion[2]. « Quand on voulut rétablir les mœurs par l'austérité des lois, dit Portalis, on mit des entraves au divorce et (chose étonnante!) l'Évangile qui interdit le divorce a été suivi en ce point par tous les législateurs. » Il répondait à ceux qui pensaient que c'est la facilité de rompre le lien qui fait la solidité des mariages. Cependant on avait voté que le divorce serait conservé sur de simples considérations de politique (liberté des cultes)[3], basées sur une courte théorie du droit de l'État de

[1] Le cit. Portalis dit, qu'il ne propose point d'ôter le divorce à un peuple qui en est en possession depuis dix ans. *Conférence du Code civil. Divorce.*

[2] Voy. *Discours de Maleville dans la discussion du conseil d'État,* séance du 14 vendémiaire an X. Locré, t. V.

[3] Voy. *Conférence du Code civil; divorce;* et Locré, *Législation de la France,* t. V.

régler le mariage indépendamment de l'Église[1]. Portalis avait dit encore : « A parler exactement, la loi civile ne permet ni n'autorise le divorce : elle se borne à en prévenir l'abus; en effet, s'il n'y avait pas de loi, la volonté de chacun serait la seule règle en cette matière, chacun userait à son gré de la liberté naturelle. La loi ne donne pas une liberté que tous tiennent de la nature[2]. » Sur ces bases, la discussion s'ouvrit et, malgré son étendue et sa profondeur, justifia bientôt le mot de Maleville : « Au fond, dans des questions de morale où l'on ne peut rien démontrer, où il n'y a point de règles certaines pour discerner la vérité, il est fort aisé de faire des raisonnements séduisants, quelque parti que l'on embrasse, et tous ces raisonnements se réduisent à ceci : Telle chose vous paraît probable et à moi non. » Tant que l'on ne considérait le mariage que comme un contrat, un peu plus solennel que les autres, et qu'on voulut se borner à mettre des entraves à la *liberté naturelle*, la plus haute raison aurait essayé en vain de donner à la sévérité de la loi conjugale d'autres motifs que son opinion personnelle. Il est à remarquer que le premier Consul n'entra dans

[1] Voir contre ce motif d'admettre le divorce, et en général, discours de M. Carion-Nisas au tribunat, séance du 28 ventôse an XI. Locré, t. V, part. II, XIV. Ce discours est la meilleure réfutation, au point de vue psychologique, de la doctrine qui préconise le divorce; v. nos 6 à 9.

[2] Voy. *Conférence du Code civil; divorce;* et Locré, *Législation de la France,* t. V. Cet état de nature n'a sans doute rien de commun avec le mariage et le divorce, mais il était difficile à cette époque de s'affranchir de cette éternelle hypothèse, qu'on pourrait appeler un des dogmes philosophiques du Code. Le premier Consul y échappa seul, car c'est la raison (naturelle aussi celle-là), et non un système qui parle par sa bouche.

la discussion que pour régler le divorce, après que le principe eût été mis aux voix et sa conservation résolue. Et dans la discussion des motifs du divorce il se montra, non pas irrésolu, mais plein de réserve et essayant toutes les opinions; dépourvu de plan fixe et d'idée arrêtée. Il semble admettre d'abord l'incompatibilité d'humeur comme un motif suffisant pour rompre le lien, puis il se range à l'avis de ceux qui voient dans un pareil motif l'anéantissement du mariage. La plus forte preuve que le mariage est avant tout un acte de la foi et des mœurs, c'est cette discussion où se manifeste l'incertitude d'un si puissant esprit.

9. Si, lors de la discussion du Code civil, la nécessité de transiger fit admettre le divorce, il ne peut plus être question d'une transaction semblable aujourd'hui[1], et aucune considération politique ne doit plus influer sur l'examen qu'on fait de cette loi. L'intérêt social est seul en jeu, et c'est en son nom seul qu'il faut la repousser. Mais la séparation de corps, telle que le Code l'a faite, ne peut pas remplacer le divorce, et est de tous points une loi insuffisante. Elle a été reçue et admise comme le divorce des catholiques, malgré cette observation si juste du premier Consul : «On demandera pourquoi la séparation, qui empêche les époux de contracter un nouveau mariage, serait accordée pour les mêmes causes que le divorce[2]?» Elle a été organisée parallèlement au divorce, malgré cette autre observation du premier Consul: «On demandera com-

[1] L'insuccès des tentatives faites en 1831 et 1848 pour rétablir le divorce semble prouver que le sentiment public le repousse. La coutume s'est formée contre lui.

[2] Séance du conseil d'État du 24 vendém. an XI.

ment organiser la séparation, lorsqu'il n'existe plus de couvents qui puissent servir de retraite à l'épouse?» D'autre part, on manifesta à reprises réitérées[1] l'intention de ramener dans la législation nouvelle l'ancienne séparation de corps qui était cependant plutôt religieuse que civile. L'interprétation des quelques articles du Code sur la séparation de corps est donc des plus difficiles, car il faut se défier des arguments d'analogie tirés des dispositions sur le divorce, à cause de la différence des institutions, et l'on ne peut recourir à l'ancienne jurisprudence qui, par un double motif, ne peut plus avoir d'empire. On est donc en face ici d'une loi à faire, plutôt que d'une loi faite, et des deux jurisprudences qui se sont formées, l'une d'analogie avec le divorce, l'autre de divergence, il faut incliner vers la dernière, selon nous. Mais avant toutes choses, par cela même qu'on repousse le divorce, il faut demander une organisation de la séparation de corps et, en attendant, examiner les dispositions actuelles du Code sur cette matière sans reculer devant la critique, quand une entière approbation est impossible. Pour établir l'indissolubilité du lien, il faut sans doute de graves raisons; la première de toutes est la dignité de la femme. « Entre deux êtres dont l'un est fort, dont l'autre est faible, s'il n'y a point de lien, de devoir qui protége l'un contre l'autre, il est évident que le plus fort finira toujours par opprimer le plus faible. La destruction de la famille, si elle était possible, serait inévitablement l'oppression

[1] V. Locré, *Séance du conseil d'État du 26 vendémiaire an X. Observation de M. Boulay, n° 47.*

de la femme[1]. » Mais, pour que la dignité de la femme soit sauvegardée, il faut fonder le mariage sur la loi la plus stricte d'égalité.

CHAPITRE PREMIER.

DES CAUSES DE SÉPARATION DE CORPS.

10. On ne peut pas déroger par des conventions particulières à ce qui est d'ordre public. Or, le mariage est d'ordre public. La loi ne peut donc permettre à des époux de modifier, quant à eux, le droit commun, qui est l'obligation de vivre réunis, de manière à pouvoir s'acquitter des devoirs qui naissent de l'union conjugale (Code Nap., liv. I, tit. VI). Une convention par laquelle les époux se sépareraient volontairement ne les engagerait pas, et ne serait pas opposable à des tiers. La séparation ne peut résulter que d'un jugement, et il faut des causes déterminées pour la demander (art. 307). Le consentement mutuel, en effet, s'il pouvait servir de base à la séparation de corps, simple relâchement du lien conjugal, ne saurait pas être entouré des nombreuses et minutieuses précautions prises pour le rendre sans danger dans la loi du divorce. Il ne serait donc ici, comme le dit Treilhard, « qu'une large porte entièrement et toujours ouverte au caprice, à la légèreté, à l'inconstance, sans aucune espèce de préservatif contre leurs effets; » il favoriserait les fraudes des époux contre leurs créanciers, et de plus il serait un remède inutile, « car, après tout, deux époux qui

[1] M. Janet, *La famille*. Elle serait l'oppression de la femme ou son avilissement.

consentent mutuellement à se séparer, ne peuvent-ils pas le faire sans l'intervention de la loi [1]?»

11. Il faut donc au juge, pour prononcer la séparation de corps, une cause déterminée par la loi, et la loi détermine trois causes (art. 306) : 1° l'adultère simple de la femme (art. 229), et l'adultère du mari aggravé par la circonstance de l'entretien de sa concubine dans la maison commune (art. 230), 2° les excès, sévices ou injures graves de l'un des époux envers l'autre (art. 231), 3° la condamnation d'un des époux à une peine infamante (art. 232).

12. *De l'adultère de la femme.* Pater is est quem nuptiæ demonstrant. Cette présomption, qui fait de la probabilité le fondement de l'état social, disparaît dans le cas où l'action en désaveu exercée par le mari, conformément aux art. 312, al. 2, et 313, est couronnée de succès. L'adultère de la femme est prouvé alors *de facto* et la séparation de corps doit être accordée au mari, s'il la demande. Hors ces cas, l'infidélité de la femme est protégée par le brocard en question, dans ce sens que les enfants nés pendant le mariage ne peuvent être désavoués. C'est une conséquence forcée de la nature des choses ; dans le doute il faut attribuer les enfants au mari, car ce doute n'est pas susceptible d'être éclairci. Mais si le mari est forcé de couvrir de sa paternité des fruits douteux, s'il n'a aucune arme contre la présomption qui la lui attribue, la loi lui permet de se séparer de son épouse adultère, en faisant la preuve de son infidélité. Ici le moyen paraît en disproportion avec la fin. En effet, qu'une aussi grave et scandaleuse accusation que celle d'adultère soit admise quand elle

[1] Locré, t. V, XVI, n° 6, et XV, n° 14. *Discours* de M. Gillet.

doit amener la rupture du lien conjugal, le divorce, cela est logique. Mais que, pour parvenir à la simple séparation de corps, sous l'empire d'une législation qui a admis ce remède aux unions malheureuses, en partie dans l'espérance d'une réconciliation future, d'une législation qui maintient la présomption *pater is est*, malgré la séparation survenue, cela est illogique. M. Carion-Nisas ne voulait pas que l'on prévît l'adultère dans la loi, à l'exemple de ce législateur de l'antiquité qui ne voulut pas prévoir le parricide [1]. Si ce respect pour l'honnêteté publique était difficile à défendre en pratique, et si Tronchet répondit à bon droit, qu'on ne fait pas des lois avec l'imagination, mais avec la raison, comment la raison peut-elle autoriser que l'adultère, ainsi qualifié, soit un motif de séparation de corps [2]? Et le mari peut prouver cet adultère par tous les moyens possibles [3]; il n'est pas nécessaire qu'il y ait eu scandale public, ni même qu'il existe des lettres révélatrices, ainsi qu'on l'avait proposé d'abord, mais sans succès [4]. Si, connaissant la rapidité avec laquelle fut discuté le titre *De la séparation de corps*, comme un accessoire à celui *Du divorce*, on comprend l'admission de la cause d'adultère de la femme, il est p'us difficile de s'expliquer l'existence de cette cause dans le projet de loi sur la séparation de corps rédigé en 1816, lors

[1] Locré, t. V, XIV, 14.

[2] Le premier Consul dit que la séparation de corps ne doit pas être admise quand il y a adultère. Séance du conseil d'Etat du 26 vendém. an X

[3] Cette preuve se fait par témoins. L'art. 251, au titre *Du divorce*, relatif au témoignage des parents et domestiques en cas d'adultère, est applicable ici à *fortiori*, le résultat de l'enquête, la preuve de l'adultère, ne devant amener que le relâchement et non pas la rupture du lien.

[4] Locré, t. V, III, 13 et 14.

de l'abolition du divorce. Pour être conséquent alors, puisqu'on était occupé de restaurer et non d'améliorer, il aurait fallu rendre les questions matrimoniales aux tribunaux ecclésiastiques, car l'adultère est un cas de conscience; il ne se prouve pas, il se confesse. Si donc on n'a fait de l'adultère du mari un cas de séparation que s'il est accompagné de l'entretien de la concubine dans la maison commune, — c'est alors l'injure grave subie par la femme qui est le véritable motif de la séparation, — il conviendrait également de ne faire de l'adultère de la femme une cause de séparation que s'il est devenu une injure grave pour le mari par le scandale dont il est accompagné, et, tout au moins, la preuve devrait-elle être restreinte à la production de lettres, par exemple, ou d'un nombre déterminé de témoins [1]. Prouver le fait d'adultère, c'est établir la rupture du mariage; prouver l'injure reçue par la conduite de sa femme, c'est motiver justement une séparation qui peut encore n'être pas éternelle, car cette injure peut être pardonnée, mais l'adultère, non [2].

12. Le mari seul peut arguer de l'adultère de son épouse pour arriver à la séparation; l'accusation ni l'action en séparation ne peuvent appartenir ni aux pa-

---

[1] Ce serait une espèce de preuve par commune renommée fort admissible, car l'adultère n'est coupable, aux yeux du législateur, que quand il entre dans le domaine public. C'est un crime d'opinion. La loi romaine disait : *Nullum divortium ratum est nisi septem civibus romanis puberibus adhibitis* (L 9, D. de divort. et repud.).

[2] Le premier Consul, observant que la séparation de corps ne doit pas être traitée accessoirement au divorce, dit : «On demandera sans doute comment on peut admettre pour cause d'adultère la séparation de corps, qui comporte l'idée d'un rapprochement possible.» Séance du conseil d'État du 24 vendémiaire an X.

rents, comme à Rome[1], ni au ministère public[2], ni aux créanciers, ni aux héritiers[3], ni au tuteur du mari interdit. Quant aux parents et aux héritiers, leur incapacité à cet égard est absolue, ils ne peuvent pas plus entamer l'action que suivre une action interrompue par le désistement ou la mort de leur parent ou de leur auteur, quelle que soit du reste la cause de la demande, adultère ou autre (v. cepend. Zachariæ, par MM. Aubry et Rau, § 492, 1°).

L'art. 131 du Code de procédure permettra toujours de résoudre équitablement la question des dépens. Mais il semble qu'il faille admettre une distinction relativement au tuteur de l'interdit marié et lui permettre de suivre l'action intentée par le mari lui-même avant l'interdiction, mais hors ce cas lui refuser d'agir en séparation pour cause d'adultère de la femme[4]. En effet, outre qu'une plainte pareille ne doit appartenir qu'à

[1] l. 30, *ad legem. Jul. de adulteriis;* art. 336 du Code pénal.

[2] Pas plus en première instance qu'en appel. Si l'adultère de la femme, suivant l'art. 336 du Code pénal, ne peut être dénoncé, c'est-à-dire communiqué à la justice, pour obtenir une peine, que par le mari, à plus forte raison lui seul peut-il l'établir pour arriver à une séparation qui n'intéresse que lui.

[3] L'art. 317, qui donne aux héritiers l'action en désaveu, ne leur donne pas, par voie de conséquence, l'action en séparation de corps, car, l'intérêt étant la mesure des actions, l'action des héritiers devra se borner ici à établir l'inaptitude de l'enfant à prendre part d'héritier. La seule considération d'ailleurs que, si on admettait les héritiers à demander la séparation de corps pour arriver à celle des biens, ou à la révocation des libéralités faites, il faudrait admettre à le faire les enfants qui seraient héritiers, et leur donner une action pour établir la honte de leur mère par une enquête, doit faire reculer devant une pareille interprétation des textes (arg. art. 251).

[4] Si la conduite de la femme était scandaleuse, il pourrait agir pour injure grave.

celui dont l'honneur conjugal est en jeu, et qu'elle est donnée par la loi non pas à l'associé dont les intérêts pécuniaires sont menacés, mais à l'époux en cette seule qualité, ira-t-on mettre le sort d'une femme entre les mains d'un tiers nommé par le conseil de famille, en défiance d'elle souvent, car elle aurait pu être revêtue elle-même de la tutelle de son mari, suivant l'art. 507 ? Et si le tuteur succombe dans sa plainte, quel recours aura la femme outragée ? Aucun ; elle ne pourra pas, se faisant une arme de l'injure reçue, demander à son tour la séparation, car l'injure ne sera pas venue de son mari. L'état du mari interdit qui a une femme indigne est malheureux sans doute, mais il l'est encore moins que celui d'un mari lucide[1].

13. Le juge qui prononce la séparation de corps pour cause d'adultère de la femme, doit condamner celle-ci par le même jugement, et sur la réquisition du ministère public, à la réclusion dans une maison de correction pendant un temps déterminé, qui ne peut être moindre de trois mois, ni excéder deux années, art. 308. D'un autre côté, l'art. 336 du Code pénal permet au mari de faire frapper correctionnellement sa femme adultère de la même peine ; le choix lui appartient, et avant de demander une séparation définitive, il peut obtenir une séparation temporaire de trois mois à deux ans[2]. Mais s'il opte pour l'action immédiate

---

[1] Voir en sens contraire : M. Massol, *De la sépar. de corps*, ch. I, sect. I, 5 ; M. Démolombe, Code civil, t. IV, p. 535, n° 428. Ce dernier admet le tuteur à agir avec l'autorisation du conseil de famille ; mais cette opinion nous semble implicitement réfutée, pour le cas d'adultère au moins, par les considérations du texte.

[2] C'est en ce point surtout qu'il y a inégalité entre la position de la femme et celle de l'homme. La première, en effet, ne peut faire pro-

on séparation, il ne pourra pas plus tard, après avoir échoué dans sa demande, faire des mêmes faits la matière d'une plainte au correctionnel; ce serait le cas d'appliquer la maxime *non bis in idem* et de lui dire: *electâ unâ viâ non datur reversus ad alteram.* Mais s'il réussit à faire punir d'abord sa femme en la dénonçant, il ne sera pas non recevable plus tard à se faire séparer d'elle, car faire condamner sa femme ce n'est pas lui pardonner; dans ce cas, il n'aura pas besoin de prouver une seconde fois devant les juges civils l'adultère déjà établi; *res judicata pro veritate habetur*[1]. L'emprisonnement de la femme, quelle que soit la voie par laquelle il est obtenu, peut être abrégé par le pardon du mari qui consent à la reprendre; art. 309.

14. *De l'adultère du mari.* Il faut rapprocher l'art. 230, qui énonce cette cause de divorce, de l'art. 339 du Code pénal qui punit l'adultère du mari. Les termes de l'art. 230 sont: «La femme pourra demander le divorce pour cause d'adultère de son mari lorsqu'il aura tenu sa concubine dans la maison commune;» ceux de l'art. 339 du Code pénal: «le mari qui aura entretenu une concubine dans la maison conjugale et qui aura

noncer contre son mari qu'une amende (art. 339 du Code pénal), et cette peine même n'est pas infligée à l'époux s'il est actionné au civil, en raison de l'exception extraordinaire à l'ordre des juridictions introduite par l'art. 308, exception qui ne peut être étendue. C'est attribuer au seigneur et maître de la communauté des priviléges difficiles à justifier, si l'intérêt des mœurs exige que l'adultère soit puni quand il est connu; plus difficile à justifier encore, si la prison de la femme est, ainsi qu'on peut le conclure d'un argument tiré de l'art 309, non pas une vengeance de la morale publique, mais une satisfaction accordée au mari.
[1] V. contre: Vazeille, t. II, n° 539.

été convaincu, sur la plainte de la femme, sera puni d'une amende de cent francs à deux mille francs. » Ces deux articles se correspondent comme l'art. 229 correspond aux art. 336, 337 du Code pénal; il faut les interpréter l'un par l'autre[1]. » Car, suivant le système du Droit français, les attributs caractéristiques d'un adultère susceptible d'être frappé par la loi pénale sont les mêmes absolument que ceux qui font de ce délit une cause de séparation de corps. En d'autres termes, le Code civil et le Code pénal ne connaissent qu'une seule et même définition de l'adultère, qui n'existe à leurs yeux que par la dénonciation ou la plainte de l'époux outragé.

L'adultère du mari n'est une cause de séparation de corps que s'il est aggravé par la circonstance de l'entretien d'une concubine dans la maison commune ou conjugale; circonstance qui exaspère surtout les épouses chastes, dit la loi romaine. La loi civile ne peut et ne doit prendre en considération l'immoralité d'une action que quand elle blesse un droit qu'elle protége dans un autre individu, c'est-à-dire qu'il n'y a pour elle de délits que ceux dont se plaint celui qui en est victime. C'est donc uniquement du caractère privé de l'adultère qu'elle s'occupe. Or, il est facile de voir qu'ici la circonstance

---

[1] Il n'est pas surabondant de remarquer que l'art. 339 du Code pénal, qui ne punit l'adultère du mari que s'il est commis dans la maison commune, est une inconséquence, forcée il est vrai, du législateur : tous les orateurs s'étaient plu, en effet, dans les débats préliminaires du titre du divorce, à proclamer que le crime est égal des deux parts. Il fallait donc le déclarer punissable en tout état de cause, ou tout au moins punir celui qui est aggravé de l'entretien de la concubine dans la maison commune de la même peine que l'adultère simple de la femme; c'est-à-dire de trois mois à deux ans de réclusion.

qu'elle exige avant tout dans ce délit c'est, de la part du mari, un mépris absolu, non pas de la loi conjugale, mais de sa femme. Aussi est-ce à elle seule de se plaindre; elle seule est juge de l'outrage qui lui est fait, et cet outrage n'existe pas si elle y est insensible. Ce système est élémentaire. Il suit de là, que la loi civile ne devrait jamais permettre la preuve de l'adultère, mais uniquement celle du soupçon; et si une opinion différente peut être admise dans le système du divorce, l'opinion que nous défendons ici nous semble nécessaire dans celui de la séparation de corps (voy. n° 12).

15. Les considérations qui précèdent expliquent l'introduction dans l'article qui définit l'adultère du mari de la circonstance aggravante d'entretien de la concubine dans la maison commune. Cette condition *sinè quâ non* de la culpabilité objective du délit du mari est sage et juste. Il n'était pas possible que la loi armât chaque soupçon de la femme d'une action en séparation, et lui permît de manquer souvent par des recherches et des inquisitions jalouses au respect et à la confiance qu'elle doit à son mari. Des accusations en adultère sont un grand scandale et il faut enlever à la femme la tentation de sortir de la modestie et de la pudeur qui sont les plus beaux attributs de son sexe[1]. Il ne nous semble donc pas, ainsi qu'à la plupart des auteurs, qu'il faille chercher à étendre

[1] « M. Défermon demande que l'adultère du mari ne soit pas une cause de divorce, parce qu'il est contre les mœurs et contre la décence de permettre à une femme de faire valoir une semblable cause. La proposition de M. Défermon est adoptée. » Locré, t. V, v. 3. Procès-verbal du conseil d'État, séance du 24 brumaire an X.

les termes de la loi, et nous les restreindrons au contraire dans les plus exactes limites. Ainsi, *maison commune* (art. 230), *maison conjugale* (C. pén., art. 339), sont des termes synonymes d'habitation commune, résidence effective des deux époux[1]. Si le législateur avait entendu frapper l'adultère du mari dans le cas même où sa femme ne résiderait pas avec lui, ainsi que l'enseigne M. Massol, il n'aurait pas employé le mot de maison, mais celui de domicile. Mais, d'un autre côté, il suffit que la concubine habite sous le même toit, et il n'est pas nécessaire qu'elle soit installée dans le même logement, car, pour réfuter cette dernière opinion, défendue par M. Demolombe, il suffit de rappeler les propres expressions de cet auteur: La concubine doit être entretenue, dit-il, « sous les yeux mêmes de l'épouse bravée et humiliée, en présence des domestiques et des enfants, peut-être témoins des plus scandaleux exemples[2]. » Si l'on doit en effet accorder avec difficulté l'action d'adultère à la femme, on peut lui accorder plus facilement celle d'injure, si l'injure est caractérisée suffisamment par l'habitation de la maîtresse sous le même toit que l'épouse. La même décision s'appliquerait au cas où la concubine serait tenue dans une dépendance de la maison commune, un pavillon, une ferme, où la femme légitime est exposée à la rencontrer[3]. Enfin, il faut que le

[1] V. contre: M. Massol, *op. cit.*, p. 32; M. Demolombe, *op. cit.*, n° 375. L'article du projet de loi de 1816 sur les séparations, qui définit l'adultère du mari, porte : « lorsqu'il aura tenu sa concubine dans la maison commune, sa femme y résidant. »

[2] P. 471, n° 371.

[3] Dalloz, *Jurisprudence générale*, v° *Sépar. de corps*, 11, note 2.

mari ait tenu sa concubine dans sa maison, c'est-à-dire qu'elle doit s'y trouver par un effet de l'autorité maritale, contre la volonté et au mépris des observations de la femme. Peu importe, du reste, que ses liaisons n'aient pas existé avant l'entrée de la personne dans l'habitation conjugale, et que la femme même l'ait introduite à un titre quelconque[1]. Le fait des liaisons adultères doit rester hors de l'atteinte de la loi si le mari consent à renvoyer sa complice. Cette interprétation rigoureuse du mot *tenu* est fortifiée d'ailleurs par le mot *entretenu* que nous trouvons à l'art. 339 du Code pénal, et dont l'exégèse exacte pourrait justifier peut-être des conséquences encore plus protectrices de la position de l'époux.

16. Voilà pour l'adultère du mari dans le sens strict, comme cause immédiate de séparation. Mais là jurisprudence et les auteurs[2] s'accordent à reconnaître que cet adultère, accompagné de circonstances blessantes pour la femme, peut devenir, comme injure grave, le juste motif d'une demande en séparation, quand même il serait commis dans une autre maison. Cette interprétation de l'art. 231 est légitime, car c'est là un secours plus moral et plus juste accordé à l'épouse que la plainte directe en adultère. Ce sera aux tribunaux d'apprécier. Et, au fond, toute cette matière est d'appréciation; cette observation explique la difficulté de poser des règles absolues, et avec elle la diversité des auteurs et des arrêts.

17. *Des excès, sévices ou injures graves.* Les causes de

[1] En ce sens : Marcadé, art. 306, n° 2. En sens contraire : M. Démolombe, t. IV, 373.

[2] V. Zachariæ, par MM. Aubry et Rau, § 491, note 1; M. Démolombe, IV, 377.

séparation énoncées par l'art. 231 sont réciproques. Elles peuvent en effet être également le fait du mari et celui de la femme, et il n'y avait pas lieu à distinguer dans la loi : c'est au juge à distinguer dans ces arrêts. Les actes dont il est question ici prouvent également la haine ou le mépris de celui qui le commet contre son conjoint; ils blessent donc directement le droit de ce conjoint et sont sous ce rapport de plus justes causes de séparation que l'adultère qui ne prouve pas toujours la haine ni le mépris. Mais comme, d'autre part, ils ne sont pas aussi essentiellement contraires que celui-ci à la nature du mariage, il ne suffira pas en général d'établir leur existence par des preuves : il faudra en outre que le juge les apprécie en eux-mêmes et en considération de la condition, de l'éducation et des habitudes des personnes. Il devra aussi peser les circonstances, et tandis que, le fait d'adultère établi, il ne lui reste qu'à prononcer la séparation, le fait de sévices ou d'injures établi ne l'oblige pas à la prononcer, et son jugement, quel qu'il soit, échappera par conséquent à la censure de la cour de cassation. Il y a en effet mille degrés dans les sévices, actes de violence, et dans les injures, actes qui compromettent l'honneur de l'autre époux. Quant aux excès, s'il est juste, une fois qu'ils sont prouvés, d'en faire une cause immédiate de séparation [1], parce que, suivant la définition admise *in genere*, ce sont des violences qui compromettent la vie de l'autre époux [2],

---

[1] Zachariæ, § 491, 2.

[2] Le mot *excès* a remplacé dans la loi celui d'attentat à la vie qu'on a supprimé pour ne pas forcer un époux à qui la vie commune est devenue insupportable, à dénoncer son conjoint pour un acte qui pourrait quelquefois le mener à l'échafaud. Locré, t. V, p. 262.

cè sera cependant au juge à décider s'ils menacent la vie, et par conséquent à les définir dans chaque cas particulier.

18. C'est sous l'empire de ces principes généraux sur le pouvoir d'appréciation du juge qu'il convient d'examiner les différentes questions qui se sont élevées sur ce terrain.

La demande en séparation pour *excès* révèle souvent des faits qui doivent donner lieu à une poursuite criminelle, de la part du ministère public; ce sera le cas alors de surseoir à l'action civile jusqu'après l'arrêt de la cour d'assises : *le criminel tient le civil en état*, art. 235. Si l'époux poursuivi est condamné pour les faits incriminés, l'époux demandeur en séparation sera dispensé de la preuve, et ses conclusions devront lui être adjugées sur la simple présentation du jugement criminel passé en force de chose jugée. Mais la réciproque n'est pas également vraie, et il ne devra pas être débouté de sa demande par le simple motif que le jury a acquitté son conjoint. La disposition de l'art. 235, au titre *Du divorce*, qui refuse à l'époux défendeur « d'inférer de l'arrêt aucune fin de non-recevoir ou exception préjudicielle contre l'époux demandeur » est applicable *à fortiori*, car la séparation de corps doit être plus facilement admise que le divorce, et le juge civil doit conserver le pouvoir de décider si les excès, pour n'être pas qualifiés ni punis au criminel, n'en sont pas moins une preuve de haine suffisante pour rendre la séparation nécessaire.

Les *sévices*, *sævitia*, cruautés, violences, mauvais traitements, doivent, pour fonder une juste demande, être constantes, graves, et avoir pour ainsi dire dégénéré en habitude[1]. Il n'est plus nécessaire toutefois : *ut mulieri trepidanti non possit sufficiens securitas provideri.* Ce n'est pas, dans ce cas, le danger de l'un des époux, mais la haine de l'autre qui doit, comme chassant la paix et le bonheur domestique, être prise en considération. La disposition des décrétales prévoyait l'attentat à la vie dans le mot *sævitia* qu'elle emploie (*Decret.*, chap. XIII, *De restitut. spol.*). C'est ici que la considération des personnes doit être d'un poids presque aussi grand que celle des faits. Car la violence n'est souvent qu'une preuve d'amour. La publicité des sévices sera une circonstance aggravante, car l'injure s'y mêlera; mais leur réciprocité ne semble pas toujours devoir être regardée comme une circonstance atténuante. La détention arbitraire, la séparation arbitraire, abus de l'autorité maritale, doivent être sévèrement jugées; il n'y a pas de jalousie ni de vengeance qui puisse les excuser en principe.

Les *injures graves* sont une preuve de mépris : elles attaquent le premier sentiment que les époux doivent professer l'un à l'égard de l'autre, l'estime, et détruisent une des bases essentielles du mariage. C'est donc là une juste cause de séparation, quand elle rend insupportable à l'époux qui en est l'objet la compagnie de son conjoint. Le mépris peut se manifester librement soit par des actes, soit par des paroles dites ou écrites; de là la distinction établie par la doctrine entre les injures réelles et les injures verbales. On range parmi les premières le refus du mari de recevoir sa femme ou de la femme de suivre le mari, l'adultère du mari rendu

[1] Dalloz, *Jurispr. gén.*, v° *Sep.*, 5. Arrêts cités à la note 3.

insultant par une préférence publiquement affichée de la concubine, la séquestration arbitraire de la femme, abus de l'autorité maritale [1], etc. Mais il ne faut pas, en règle générale, regarder comme une injure grave la communication du mal vénérien qui n'est pas une injure, et qui ne peut pas non plus être comptée parmi les sévices, car elle n'a jamais lieu, il faut le croire, avec intention. S'il était possible d'admettre le contraire, d'après les circonstances de l'espèce, le juge pourrait faire application de l'art. 231, car un acte pareil contiendrait en germe les trois motifs de séparation que cet article énumère; il y aurait injure, cruauté, et presque attentat! Mais hors ce cas, c'est au médecin qu'il faut laisser de prononcer la séparation de corps, que la maladie date d'avant ou d'après la célébration du mariage [2].

Il est une injure réelle dont la femme seule peut se rendre coupable et dont le mari lui-même est obligé d'augmenter la gravité en la rendant publique. C'est la grossesse des œuvres d'un autre, amenant l'accouchement avant le 180e jour. Le mari sera forcé, soit de gar-

---

[1] Dalloz, *op. cit.*, p. 895, nos 16, 17; Zachariæ, § 491; Massol, p. 47. L'absence peut être assimilée à une injure grave, si elle présente les caractères de *desertio malitiosa*; l'absence d'un époux contumax n'est pas une cause de séparation, quand même la peine qui l'a frappé est infamante. Voy. *infra*, no 21.

[2] Pothier, *Du contrat de mariage*, no 514. Les deux arrêts rapportés par Dalloz, *op. et loc. cit.*, p. 888-890, ne vont pas contre notre doctrine, car, dans les deux espèces, la communication du mal vénérien avait été accompagnée d'autres causes de séparation. Dans l'état de la législation, l'époux menacé par la maladie de son conjoint, et que celui-ci veut forcer à cohabiter avec lui, devrait être condamné à obéir, car le juge n'a pas la faculté de prononcer une séparation temporaire, et aucun texte ne l'autorise à prononcer dans ce cas la séparation définitive.

der à la fois le silence, une femme qui l'a indignement trompé et un enfant qui n'est pas le sien, soit de désavouer l'enfant et de dévoiler ainsi la honte de son mariage. Or, s'il se décide pour le dernier parti, il semble qu'il faut lui accorder aussi la séparation de corps, s'il la demande: et le juge, qui devra ici, plus que partout ailleurs, apprécier avec soin la moralité des personnes, pourra la lui accorder pour motif d'injure grave. L'injure est dans le silence de la femme et quelquefois dans sa grossesse même, qui peut être un adultère anticipé[1].

Les injures verbales peuvent avoir lieu de vive voix ou par écrit; les premières sont en général moins graves: *verba volant;* elles peuvent toutefois prendre un caractère sérieux, soit lorsqu'elles sont proférées devant la justice, soit lorsqu'elles annoncent un système persévérant de diffamation, et que les confidences sortent du cercle de l'intimité. Une dénonciation d'adultère qu'on ne réussit pas à prouver, une demande en séparation pour cause d'adultère et, suivant les circonstances, d'excès, de sévices ou d'injures même, si elle reste sans résultat, faute de justifier des faits sur lesquels elle repose, peuvent donner à l'époux dénoncé ou défendeur le droit de se porter demandeur en séparation. L'injure écrite, adressée directement à un époux, ne devient grave que s'il y a plusieurs lettres et de la persistance dans des accusations violentes; l'injure peut résider autant dans le soupçon que dans les mots. Mais si la correspondance coutumélieuse ou diffamatoire est adressée à des tiers, le caractère de l'injure s'aggrave, et il peut suffire d'une seule lettre pour fonder une action en séparation.

[1] Pour: M. Demolombe, t. IV, 302; M. Massol, p. 49 et 80. Contre: M. Duranton, t. II, 541, 562

Dans ce cas, que la lettre ou les lettres soient confiden-
tielles ou non, le tiers détenteur de la lettre peut être
forcé à la représenter en justice par l'époux demandeur,
arg. art. 456 Instr. crim., et celui-ci peut les produire,
de quelque manière qu'il les ait en sa possession, eût-il
même employé la fraude pour s'en rendre maître. Car,
ce qui suffit ici, c'est de prouver qu'on a été injurié et
que la vie commune est devenue odieuse par suite des
outrages reçus. Il n'importe pas que la preuve soit obtenue de telle manière ou de telle autre[1].

19. *De la condamnation de l'un des époux à une
peine infamante.* La condamnation de l'un des époux à
une peine infamante sera pour l'autre époux une cause
de séparation de corps (art. 306). Cette cause de séparation n'est pas aussi juste que la précédente, si l'acte
puni n'est pas dirigé contre l'autre époux. La première
condition, en effet, à laquelle doit répondre toute cause
légitime, c'est une intention plus ou moins consciente
d'enfreindre les devoirs que le mariage impose. Or, on
ne peut pas dire que le mariage impose plus que le cé-
libat l'obligation de ne pas se faire condamner à une
peine infamante.

Les sentiments d'honneur sont certes au nombre de
ceux que le législateur doit respecter, mais quand ces
sentiments se trouvent en conflit avec les devoirs qu'impose le mariage, qui sont l'assistance, la consolation,
le soutien; que décider? La femme qui cherchera à

[1] Pour : M. Demolombe, t. IV, 304; M. Massol, p. 43 47. Contre : »
Arrêt de la cour de Limoges, du 17 juin 1824. Cet arrêt fait d'une lettre
la propriété de celui qui l'écrit, et un dépôt entre les mains de celui
qui la reçoit; mais n'est-elle pas plutôt la propriété de celui qui la reçoit,
fût-elle confidentielle?

adoucir le sort d'un mari mis au ban de la société, ne serait-elle pas en bien des cas plus honorable que celle qui prendra texte de sa condamnation pour demander sa séparation d'avec lui? Et d'ailleurs la communauté d'idées et d'actions qui a existé entre les époux avant la condamnation de l'un, ne doit-elle pas bien souvent être presque une exception d'incompétence contre la plainte de l'autre? Cependant M. Treilhard, dans l'exposé des motifs, se contente, pour justifier cette cause de divorce, de dire : «Forcer un époux de vivre avec un infâme, ce serait renouveler le supplice d'un cadavre attaché à un corps vivant[1].» Nous admettons que la séparation de corps est une plus légitime conséquence de l'infamie d'un des époux que le divorce, tout en doutant qu'elle soit plus logique, car elle est pour le condamné une aggravation de peine, sans être d'un secours radical pour l'époux par pitié pour lequel on l'admet. Il faut distinguer entre le mari et la femme. Pour cette dernière la commisération du législateur se comprend mieux; ce n'est que par la séparation, en effet, qu'elle peut échapper au devoir d'obéissance (art. 213) qui peut devenir un supplice épouvantable; et peut-être, pour rendre le secours plus complet, faudrait-il lui permettre de rejeter un nom couvert d'infamie? Mais, si c'est la femme qui est condamnée, le mari mérite-t-il la même pitié, lui qui n'est obligé que de protéger sa femme? Et cependant c'est là une cause de séparation absolument réciproque. Pour les deux époux, il est vrai, il peut être d'un certain intérêt d'obtenir la séparation de biens et la révocation des donations; mais une telle

---

[1] Locré, t. V, XII, 10.

considération ne doit pas être décisive. Observons encore qu'ici la loi fait dépendre le sort de l'union conjugale du bon plaisir de l'un des époux, car l'infamie est une cause absolue de séparation, une cause qu'il n'appartient pas au juge de peser (arg. art. 261). Une cohabitation continuée pendant des années ne serait pas une fin de non-recevoir[1]. C'est là une conséquence violente et injuste, mais exacte, de la loi. Ne semblerait-il pas plus équitable de laisser ici aux tribunaux le pouvoir qui leur appartient lorsqu'il s'agit de l'application de l'art. 231, c'est-à-dire celui de prendre en considération la moralité de la partie plaignante, (v. nº 27) qui peut être une fin de non-recevoir, le temps que la cohabitation a continué depuis la peine, etc., et de renvoyer au besoin les époux dos à dos[2]?

20. Les termes et les motifs de la loi[3] font de l'odieuse condition à laquelle est réduit le conjoint d'un infâme la cause en raison de laquelle il lui est permis de demander la séparation de corps, et établissent en sa faveur une présomption *juris et de jure* que l'exis-

---

[1] V. *infra*, aux fins de non-recevoir, nº 27.

[2] L'infamie n'est plus marquée de nos jours par des signes extérieurs. Bœhmer (*Jus eccles. prot.*, t. IV, tit. XIX, *De divortiis*, § 13) rapporte un cas où le divorce fut accordé à la femme d'un infâme, à qui l'on avait coupé le nez et les oreilles. — Aujourd'hui la classification des peines, par suite de laquelle la dégradation civique, prononcée «contre un juge pour s'être immiscé par un règlement quelconque dans l'exercice du pouvoir législatif,» produit la séparation de corps, tandis que l'emprisonnement «d'un misérable condamné pour vol à cinq années d'emprisonnement» (Demolombe, *op. cit.*, p. 504) ne la produit pas, est un argument puissant en faveur des considérations du texte.

[3] Locré, t. V, III, 17; XIII, 13; XV, 8. L'abolition de la mort civile fait rentrer les peines perpétuelles dans la catégorie de celles qui peuvent devenir une cause de séparation de corps.

tence lui est intolérable. Il n'a donc à prouver que la condamnation même, c'est-à-dire à présenter une expédition en bonne forme du jugement qui a frappé son conjoint (arg. art. 261). Il suit de là qu'une condamnation antérieure au mariage doit avoir le même effet qu'une condamnation postérieure[1]. Cette conséquence paraît d'autant plus juste en pratique que l'autre époux sera dans ce cas entièrement étranger à l'immoralité qui a fait encourir la peine à son conjoint. Et la théorie du Code confirme cette conclusion, car ce ne sont pas ici des causes antérieures à l'union conjugale[2] qui autorisent la demande, mais une cause permanente, la tache indélébile, qui devient l'instrument de la séparation. L'argument qu'on tire du mot *époux* de l'art. 232, pour appuyer une solution contraire, n'est pas concluant, car il serait impossible de mettre une autre expression à sa place, et les considérations qui précèdent établissent suffisamment que le sens de l'art. 232 est aussi clair que si le législateur avait dit : la condamnation de l'un des époux, avant ou après la célébration du mariage, sera pour l'autre époux, etc. Nous sommes plutôt disposé à restreindre cette cause de séparation qu'à l'étendre (n° 19), mais en face de la loi et surtout de ses motifs une solution différente nous semble impossible. Toutefois, si l'époux innocent avait eu connaissance avant le mariage de l'état de déchéance civile de son conjoint, on pourrait lui opposer la fin de non-recevoir de réconciliation tacite contenue implicitement dans la célébration du mariage (v. *infra.*, ch. II). Tel

---

[1] Pour : MM. Massol, Demolombe, Dalloz, Delvincourt, Duranton. Contre : Zachariæ, par MM. Aubry et Rau, § 491, note 16.

[2] Zachariæ, par MM. Aubry et Rau, *ibid.*

est le fondement à la fois juridique et équitable sur lequel on peut appuyer la distinction entre le cas où l'autre époux ignorait et celui où il connaissait la condamnation de son futur conjoint.

21. La condamnation doit être définitive, c'est-à-dire qu'il ne doit plus exister aucun recours pour la faire réformer (C. Nap., art. 261). Si donc elle avait été prononcée par contumace, la séparation ne pourrait être demandée qu'après les vingt ans pendant lesquels le retour du condamné met son jugement à néant[1] (C. d'instr. crim., art. 635 et 641). L'expiration de la peine, la commutation ou la grâce ne font pas disparaître la tache d'infamie et ne sont donc pas des fins de non-recevoir opposables à la demande en séparation. Il en est autrement de la réhabilitation (C. d'instr. crim., l. II, t. VII, ch. IV) obtenue à l'époque de la demande, ou de l'existence à la même époque de circonstances qui seraient de nature à provoquer la révision du procès criminel qui a amené la condamnation (C. d'instr. crim., liv. II, t. III, ch. III). Dans le premier cas, l'exception de réhabilitation opposée par l'époux antérieurement condamné est péremptoire; dans le second, elle est dilatoire et suspendra l'action jusqu'à l'issue du procès en révision.

CHAPITRE II.

DES FINS DE NON-RECEVOIR CONTRE L'ACTION EN SÉPARATION DE CORPS.

22. Il faut, après avoir étudié les causes de séparation de corps, examiner quels moyens la loi accorde

[1] Dans le cas où la condamnation est contradictoirement prononcée,

à l'époux menacé pour repousser la demande. Ces moyens sont les mêmes que ceux admis contre la demande en divorce (art. 272-274), arg. art. 306. Toutefois, comme d'un côté la demande en séparation est moins grave que la demande en divorce, et que, de l'autre, elle peut devenir comme injure grave la cause d'une action en séparation entre les mains de l'époux défendeur qui triomphe, les fins de non-recevoir devront être plus difficilement admises.

23. A vrai dire il n'existe qu'une seule fin de non-recevoir, c'est la réconciliation, et la réconciliation expresse; *survenue*, dit l'art. 272; or, une réconciliation tacite ne peut pas survenir, dans le vrai sens de ce mot. Cependant, comme entre époux les faits parlent souvent plus clairement que les mots, et que les traités de réconciliation expresse sont rares, il est des cas où la jurisprudence et les auteurs ont admis avec raison une tacite réconciliation (arg., art. 274). L'on ne peut juger ici que *secundum subjectam materiam*, et il n'y a pas de principes absolus. Cependant il semble que l'on ne doive en général admettre cette fin de non-recevoir tacite que dans le cas où la demande est fondée sur la cause d'excès, de sévices ou d'injures graves. Le juge n'ayant de pouvoir d'appréciation des motifs allégués par le demandeur que dans ce cas, ce doit être le seul cas aussi où il pourra apprécier les faits avancés comme fins de non-recevoir par le défendeur, et les admettre comme réconciliation. Il convient, du reste, d'examiner spécialement à quelles conditions doit répondre la réconciliation suivant les causes sur lesquelles la demande s'appuie.

elle est définitive après l'expiration des trois jours accordés pour le pourvoi en cassation, ou après le rejet de ce pourvoi.

24. 1° *Demande en séparation appuyée sur la cause d'adultère.* Ici il ne semble pas douteux que la réconciliation doive être expresse pour fonder une juste fin de non-recevoir. De quels faits autres qu'un pardon formel pourrait s'armer le défendeur[1] pour prouver que la demande n'est pas recevable? De la cohabitation continuée? Mais alors la longanimité et la générosité de l'époux trahi tourneraient contre lui[2]. De la survenance d'enfants depuis l'adultère? Mais cela n'est pas une preuve, ni si le demandeur est le mari, ni surtout si c'est la femme. Car ces enfants seront, dans le premier cas, peut-être une torture de plus pour l'époux outragé; dans le second, ils ne seront que le fruit de l'obéissance commandée à la femme par la loi même, et seront une circonstance aggravante contre le mari qui a continué, au mépris de cette maternité imposée, d'entretenir sa concubine sous le toit conjugal.

Non, ni l'art. 957 du Code Napoléon, qui ne permet d'intenter l'action en révocation d'une donation pour ingratitude que dans l'année depuis les faits d'ingratitude, ni les art. 637, 638 du Code d'instruction criminelle, qui établissent la prescription triennale contre

[1] Une renonciation en forme à intenter l'action en séparation de corps pour adultère doit être considérée comme une réconciliation. La prostitution de la femme par le mari est une renonciation tacite, et une juste fin de non-recevoir.

[2] M. Massol (p. 78, n° 9) trouve une fin de non-recevoir dans ce fait, que la femme demanderesse en séparation et autorisée à habiter une maison séparée, serait retournée près de son mari. Mais un fait pareil ne peut prouver qu'une chose en thèse générale : le désir de la femme de faire encore un essai de rapprochement, et si, malgré cette démarche, elle persiste dans sa demande, il n'y a aucun motif pour la déclarer non recevable en raison de cette démarche. Cette solution s'applique aux trois causes pour lesquelles la séparation peut être demandée.

l'action publique et civile naissant d'un délit, ni même la prescription trentenaire de l'art. 2262, ne peuvent être invoqués par l'époux défendeur. L'art. 957, en effet, n'a rien de commun avec le mariage, ni l'ingratitude d'un donataire avec l'adultère. Quant aux art. 637, 638 du Code d'instruction criminelle, dont M. Massol[1] a proposé l'application ici contre l'époux présent qui n'a pas intenté son action, ils sont étrangers à la demande en séparation de corps, car l'action civile, dont il est question dans ces articles, est celle qui a pour but la réparation du dommage (C. d'instr. crim., art. 2), et qui peut être poursuivie en même temps et devant les mêmes juges que l'action publique[2]. Or, la séparation de corps ne peut pas être considérée comme la réparation du dommage éprouvé, et on ne peut la poursuivre au correctionnel. Restera donc, malgré cette prescription criminelle, le droit d'intenter l'action civile.—Pour l'art 2262 enfin, il ne peut pas être invoqué, car l'art. 2253, qui suspend la prescription entre époux, s'y oppose absolument[3]. La loi spéciale déroge à la loi générale. Tous ces termes fatals ne peuvent donc être introduits en cas d'adultère, et le droit de demander la séparation de corps pour ce motif reste complet, quel que soit le temps écoulé depuis les faits d'adultère. La loi ne fixe aucun délai qu'on puisse appliquer ici, et il faut en conclure, conformément, d'autre part, à la nature des choses, que l'adultère, comme cause de séparation de corps, est imprescriptible[4].

---

[1] *De la sép. de corps*, p. 72, n° 8.

[2] M. Demolombe, *op. cit.*, p. 813.

[3] V. cependant en sens contraire : Zachariæ, § 492, 2°, 3.

[4] La fin de non-recevoir, provenant de réconciliation tacite, ne peut rien

25. La réciprocité de l'adultère, dont on a cherché à faire une fin de non-recevoir, par argument de l'art. 336 du Code pénal [1], doit être absolument dépourvue de force comme telle. Si en morale elle affaiblit le crime, si elle le détruit au criminel, elle n'atténue en rien ses conséquences au civil. La séparation de corps n'est pas seulement un secours accordé à l'époux malheureux, elle est une institution d'ordre public, elle intéresse le repos de la société, le bon ordre des familles (arg. art. 307, 2e partie), et, sous ce rapport, le scandale d'un double adultère, au lieu de l'écarter, doit l'appeler. L'art. 336 du Code pénal refuse au mari coupable d'entretien d'une concubine dans la maison commune le droit de provoquer une peine contre la femme adultère; l'équité l'exigeait : elle lui refuse par là une vengeance publique pour une offense privée, qu'une meilleure conduite de sa part aurait évitée sans doute, vengeance qui d'ailleurs serait barbare et qui consacrerait quasi le droit du mari de braver impunément sa femme et la loi conjugale [2]. Mais le mari, repoussé dans sa dénonciation par l'art. 336, n'en conservera pas moins le droit de poursuivre au civil la séparation

d'ailleurs contre l'adultère, moralement, car elle est un encouragement au mal. La loi aurait pu, sans crainte d'être illogique, supprimer ici même la réconciliation expresse. Si l'on admet l'adultère comme cause de séparation de corps, il faut l'admettre comme cause quasi sans réplique.

[1] M. Massol, p. 85, n° 13.

[2] En supposant même que le mari fût condamné à son tour, reconventionnellement, après que sa dénonciation eût été admise, il ne subirait que l'amende de 100 fr. à 2000 fr., portée par l'art. 339 du Code pénal, tandis que sa femme serait détenue dans une maison de correction. La disproportion des conséquences expliquerait donc à elle seule la disposition de l'art. 336 du Code pénal.

de corps[1], et la femme adultère ne se heurtera pas contre une fin de non-recevoir, si elle actionne son mari en vertu de l'art. 280. La réciprocité des torts peut-elle d'ailleurs, de près ou de loin, être assimilée à la réconciliation, fin de non-recevoir type, et à laquelle doivent être ramenées toutes les fins de non-recevoir qu'on propose[2] ? C'est pour ce motif que nous avons rejeté (n° 13) la fin de non-recevoir proposée par M. Vazeille contre le mari qui a fait condamner d'abord sa femme correctionnellement; de même encore la séparation de biens obtenue ou simplement demandée par la femme n'est pas une preuve qu'elle renonce à la séparation de corps, remède extrême auquel elle pourra toujours recourir[3]. Nous rejetons donc entièrement des fins de non-recevoir la faute réciproque, car il est défendu de se faire justice à soi-même, mais nous laissons au tribunal le droit de la prendre en considération « pour décider les questions relatives aux intérêts pé-

---

[1] Toutefois l'application de l'art. 308 devrait être écartée, s'il était possible d'admettre avec M. Demolombe (n° 415), que dans ce cas le tribunal civil remplit l'office du tribunal correctionnel, et qu'il serait dès lors illogique qu'il pût prononcer une peine que le tribunal correctionnel ne pourrait pas prononcer. Mais cette distinction équitable ne semble pas conforme à l'esprit de la loi, qui a voulu que l'adultère de la femme ne pût être reconnu sans être accompagné d'une peine. Et, en fait, ce n'est que l'impunité du mari qui fait la force de l'argument tiré de l'art. 308. Cet article ne pourrait être repoussé que par le principe qui veut qu'on ne puisse obtenir indirectement ce que la loi n'a pas voulu qu'on obtînt directement.

[2] L'exception de chose jugée n'est pas une fin de non-recevoir *hoc sensu*, c'est une exception de droit commun. V. art. 1351 du Code Napoléon.

[3] La jurisprudence et les auteurs sont d'accord sur ce point; le Droit nouveau déroge ici au Droit ancien. V. M. Demolombe, p. 528, n° 418, et les auteurs cités par Zachariæ, § 492, note 25.

cuniaires des époux et à la surveillance des enfants[1]. »

26. *Demande en séparation de corps appuyée sur l'art. 231.* Si la demande se fonde sur l'une des causes énoncées dans l'art. 231, le juge pourra admettre plus facilement qu'en cas d'adultère la fin de non-recevoir tacite reposant sur des faits établis par le défendeur[2]. Ces faits toutefois devront être patents, survenus à la suite de ceux allégués par le demandeur, et s'être passés alors que le demandeur avait connaissance des motifs de demander la séparation de corps que lui avait donnés son conjoint. C'est là une règle générale pour l'admissibilité de toute fin de non-recevoir. La plus grande latitude laissée au tribunal pour l'appréciation des faits, lui permettra d'admettre l'exception résultant de la prescription trentenaire, si le défendeur la propose. Car un silence de trente ans peut, même en l'absence de texte qui l'érige en fin de non-recevoir, être regardé comme un pardon, et motiver le rejet de la demande[3], si depuis trente ans l'époux défendeur ne s'est pas rendu coupable de nouveaux torts. Mais, dans l'hypothèse qui nous occupe, pas plus que dans celle d'une action appuyée sur l'adultère, la réciprocité

[1] Zachariæ, par MM. Aubry et Rau, § 492, *in fine.* La solution que nous adoptons sur cette question si controversée de la réciprocité des torts en cas d'adultère s'applique *a fortiori* au cas où un époux adultère opposerait à l'autre des sévices, excès ou injures graves. Mais, dans le cas où un époux actionné en séparation pour sévices ou injures opposerait l'adultère de l'autre, il faudrait laisser au juge plus de latitude pour apprécier la demande, quoiqu'en principe ce ne soit pas là non plus une fin de non-recevoir à cette demande.

[2] La grossesse de la femme survenue pendant l'instance ne saurait, en principe, être érigée en fin de non-recevoir.

[3] M. Demolombe est d'une opinion contraire, n° 409. V. dans ce sens : Zacharie, § 492, 2°, 3.

n'est une exception préjudicielle. Cette réciprocité peut faire refuser la séparation: elle ne doit pas faire repousser la demande.

27. *Demande en séparation de corps appuyée sur la condamnation d'un époux à une peine infamante.* La réconciliation ne peut prendre ici d'autre forme que celle de la renonciation expresse, mais survenue postérieurement à la condamnation. Une renonciation par contrat de mariage, par exemple, à intenter l'action en séparation de corps, ne vaudrait pas ici plus qu'ailleurs, la séparation de corps étant d'ordre public (arg. art. 307, *in fine*). L'époux défendeur pourra, quoiqu'il ne soit pas appelé (v. *infra* n° 32), intervenir à l'effet d'établir cette renonciation, de même qu'il devra être admis à prouver que son conjoint a été condamné lui-même à une peine infamante, pour faire rejeter sa demande. Ici, en effet, la réciprocité est une fin de non-recevoir, car l'esprit de la loi, comme son texte, ne donne le secours de la séparation de corps qu'à l'époux innocent pour échapper au contact infâme de son conjoint. « La condamnation de *l'un des époux,* » dit l'art. 232. Il faut donc que l'autre ne soit pas également condamné[1]. Nous pensons donc même que le président du tribunal pourrait dans ce cas élever d'office contre la plainte d'un époux infâme la fin de non-recevoir résultant de sa propre condamnation (arg. *a fort.* art. 239 et 878 du C. de proc.). Quant à la réciprocité de torts différents, — p. ex. un époux infâme, l'autre adultère, ou coupable d'excès, — elle ne saurait arrêter la demande.

[1] En ce sens : M. Demolombe, n° 415.

28. *Question commune aux trois causes de séparation de corps.* Si la femme demanderesse en divorce ne peut pas justifier de la résidence dans la maison qui lui a été indiquée par le tribunal, le mari pourra la faire déclarer non recevable à continuer ses poursuites (art. 269). Cette disposition du titre *Du divorce* est-elle applicable à la femme demanderesse en séparation de corps? Le mari pourrait-il la faire déclarer non recevable à continuer ses poursuites? L'art. 878 porte : «le président autorisera par la même ordonnance la femme à procéder sur la demande, et à se retirer provisoirement dans telle maison, ...» C'est une mesure de protection pour la femme que le président prend dans ce cas; peut-elle tourner contre la femme? Nous ne le pensons pas. D'abord le Code de procédure n'établit aucune sanction pénale pour le cas où la femme quitterait la maison indiquée, et une peine ne doit pas en général être admise par analogie ; *pœnalia sunt restringenda.* Mais le mari, dit-on, a, dans ce cas plus encore que dans celui de divorce, intérêt à surveiller sa femme, parce que le mariage ne sera pas rompu. Sans doute, mais la surveillance, à vrai dire, lui est enlevée déjà par la permission accordée à la femme d'habiter une maison différente, et remise, soit aux parents, soit aux amis de la femme. D'ailleurs, il ne faut pas oublier que la femme est demanderesse [1], qu'il n'existe contre elle aucune présomption fâcheuse, et

[1] Si l'art. 878 du Code de procédure, comme l'explique M. Démolombe, s'appliquait à la femme défenderesse (Req. 26 mars 1828; *Recueil pér.* vol. 1828, 1. 192), on pourrait tirer de là un argument en sens opposé. Dalloz, *op. cit.* p. 899, v. XI. L'art. 22 du projet de loi de 1816 établissait formellement la fin de non-recevoir en question contre la femme demanderesse, Locré, v. V, part. III, XIV,

qu'établir la peine dont on parle, c'est la soupçonner de vouloir se séparer de son mari pour des motifs répréhensibles. Or, le président a déjà admis la femme à procéder sur la demande, donc cette demande est fondée, donc la présomption est déjà en faveur de la femme et non contre elle. Dans le cas d'une procédure en divorce, il importe que tout se passe le plus solennellement possible et qu'aucun des détails de procédure que le législateur a accumulés à dessein ne soit négligé. La forme a une valeur presque égale au fond. Il en est tout autrement dans une instance en séparation de corps, où la procédure est la même que pour toute autre action civile (art. 307). De là résulte que la femme ne nous semble pas non recevable à continuer ses poursuites si elle a quitté la maison indiquée. Le texte même de l'art. 878 du Code de procédure justifie d'ailleurs cette conclusion : l'autorisation à continuer les poursuites est donnée d'abord, celle de quitter la maison conjugale ensuite. On ne peut donc pas dire que de ces deux autorisations la première n'est donnée qu'à la condition de la seconde[1]. Cette fin de non-recevoir nous paraît d'ailleurs devoir être restreinte, car elle repose sur une espèce de réciprocité présumée de torts.

29. *De la preuve des faits sur lesquels repose la fin de non-recevoir ; de l'admission de la fin de non-recevoir.* — *Reus excipiendo fit actor.* C'est au défendeur à faire déclarer le demandeur non recevable : c'est donc à lui d'établir les faits de réconciliation[2]. Il en fera la preuve

---

[1] V. en sens contraire : M. Demolombe, p. 519 - 414; M. Massol, p. 87, n° 14.

[2] Il pourra y être admis, même en instance d'appel (arg. art. 272 et 464 du C. de proc. civ.).

par écrits ou par témoins [1], dans la forme prescrite au titre *Du divorce* (art. 274), c'est-à-dire que les domestiques et les parents, autres que les dscendants, seront admis à déposer de ce qu'ils ont vu ou su (art. 251). Les motifs qui ont fait admettre les dépositions de ces personnes pour prouver les faits sur lesquels s'appuie la demande en divorce, existent *à fortiori* pour prouver ceux qui doivent élever contre ces faits une fin de non-recevoir.

Si la fin de non-recevoir est admise [2], la demande tombe, *cessante causa, cessat effectus*, et la vie commune continue. Mais des faits nouveaux, postérieurs à la réconciliation, surviennent : la demande pourra être intentée une seconde fois, et les faits qui avaient été pardonnés, ou passés sous silence, ou même rejetés comme insuffisants lors d'une première instance (M. Demolombe, p. 538, n° 425), quoique de nature différente des faits nouveaux, pourront être produits une seconde fois en justice. La réconciliation n'a lieu, en effet, que sous la condition tacite que l'époux coupable ne donnera plus de motifs de plainte. Il ne sera donc pas nécessaire que les faits nouveaux aient par eux-mêmes assez de gravité pour faire prononcer la séparation.

[1] L'aveu de l'autre époux, qui a été rejeté avec raison des moyens de preuve des faits sur lesquels se fonde la demande en séparation de corps, parce que c'eût été introduire la possibilité de la séparation par consentement mutuel, est ici une preuve suffisante. Il en est de même de la présomption légale résultant de la prestation d'un serment ou du refus de prêter un serment déféré (Zachariæ, § 492, n° 2).

[2] En cas de séparation prononcée, la réconciliation, qui résulte du fait de la réunion des époux, a pour effet d'anéantir le jugement et d'obliger à une nouvelle demande, le cas échéant. La séparation de corps n'est pas

CHAPITRE III.

DE LA PROCÉDURE EN SÉPARATION DE CORPS.

30. Les effets de la séparation de corps sont moindres que ceux du divorce; voilà pourquoi la procédure est moins solennelle et moins compliquée : au lieu de quarante articles, il y en a six qui la règlent. Mais comme il se présente des questions non prévues par les art. 875-880 du Code de proc., on est souvent forcé de recourir à des arguments d'analogie pour appliquer des dispositions de la procédure en divorce. Toutefois, cette manière de raisonner ne sera légitime que si l'on ne viole pas l'art. 307, essentiel en cette matière, et qui porte : « La demande en séparation de corps sera intentée, instruite et jugée de la même manière que toute autre action civile. »

Règle générale donc : la procédure en divorce ne doit fournir à la procédure en séparation de corps des solutions par analogie que quand, en raison des motifs de la demande, le droit commun ne peut pas fournir l'interprétation des art. 875 à 880 du Code de procédure. Toutes les fois qu'une disposition de la procédure en divorce n'a pas été prise pour augmenter la difficulté de réussir dans la demande, elle peut être appliquée à la procédure en séparation de corps.

31. *De la conciliation.* Le premier pas de la procédure, c'est la requête à présenter par l'époux demandeur au président du tribunal de son domicile[1] (C.

---

perpétuelle comme le divorce. Arrêt de Paris du 16 avril 1807, rapporté par Dalloz, *Sép. de corps*, sect. II, 1.

[1] L'étranger non autorisé à établir son dimicile en France ne peut donc ni intenter une action en séparation de corps, ni défendre à une action de cette nature.

de proc., art. 875); ce domicile est toujours celui du mari (C. Nap., art. 108); et le tribunal est le tribunal civil de l'arrondissement, car la séparation de corps intéresse l'état des personnes, et ne peut, par conséquent, jamais être prononcée incidemment à une poursuite au criminel[1]. La compétence exclusive des tribunaux civils résulte d'ailleurs de l'art. 307 : c'est une action civile[2].

La requête de l'époux demandeur devra contenir sommairement les faits, et être accompagnée de pièces à l'appui, s'il y en a (C. de proc., art. 875). Toutefois, les faits sommaires contenus dans la requête ne seront pas les seuls qui pourront être prouvés pendant l'instance. Le demandeur sera admis à en produire d'omis dans la requête, qu'ils soient nouveaux ou anciens, jusqu'au jugement qui ordonnera l'enquête (C. de proc., art. 255), et le juge pourra même, en tout état de cause, en première instance comme en appel, appliquer l'art. 254 du Code de procédure[3].

[1] Art. 4 du projet de loi sur les séparations de corps, de 1816 : « L'action en séparation de corps est essentiellement civile; en conséquence, quelle que soit la nature des faits qui donneront lieu à la demande, elle ne pourra être formée qu'au tribunal de l'arrondissement où les époux ont leur domicile. »

[2] Mais cette compétence est-elle si exclusive, que l'examen de faits poursuivis au criminel, et déclarés constants par un verdict du jury ou un jugement correctionnel, dans les cas où le criminel a tenu le civil en état, appartienne encore au tribunal civil? En d'autres termes, celui-ci peut-il considérer le jugement criminel comme *res inter alios acta* (art. 1351), et recommencer à neuf l'enquête sur les faits d'excès, d'adultère? Cette question est très-controversée. Il nous semble qu'il faut se prononcer pour la négative par argument tiré de l'art. 235. V. M. Demolombe, n° 443, p. 556. L'art. 6 du projet de loi sur les séparations de corps, de 1816, établissait l'affirmative pour les faits déclarés constants par un jugement correctionnel.

[3] Zachariæ, par MM. Aubry et Rau, § 493, note 6.

32. Art. 876, Code de procédure : «La requête sera répondue d'une ordonnance portant que les parties comparaîtront devant le président au jour qui sera indiqué.» Art. 877 : «Les parties seront tenues de comparaître en personne, sans pouvoir se faire assister d'avoués ni de conseils.» Art. 878 : «Le président fera aux époux les représentations qu'il croira propres à opérer un rapprochement....» La tentative de conciliation qui doit précéder toute demande principale introductive d'instance[1] (C. de proc., art. 48) est remise par ces articles au président du tribunal; un juge de paix, en effet, n'aurait pas l'autorité morale nécessaire pour faire des représentations aux époux, et la gravité de la demande en séparation de corps exige qu'un magistrat d'ordre supérieur remplisse le rôle de conciliateur. La comparution des parties en personne, sans être assistées de conseils ou d'avoués, est commandée par la nécessité des choses; tout époux doit en cette matière comprendre et juger son intérêt par lui-même, et il ne doit agir que sous l'empire de motifs qu'il soit capable d'expliquer de sa propre bouche à la justice. Il faut donc écarter des tentatives de conciliation toutes autres personnes que les époux, afin de pouvoir juger si la demande n'est pas le résultat de suggestions étrangères. D'ailleurs que feraient ici des avoués ou des avocats? Il n'est pas besoin d'autres avis que ceux inspirés aux époux par leurs sentiments réciproques. Ils se présenteront donc ensemble devant le président, qui usera, pour les rapprocher, de tous les moyens de persuasion

[1] La demande reconventionnelle formée par l'époux défendeur, suivant le droit commun (C. de proc., art. 464), est dispensée du préliminaire de conciliation.

qu'il croira convenables[1]. Dans le cas où il serait impossible au demandeur de comparaître, pour cause de maladie ou autre de force majeure, le président devrait se transporter auprès de lui (arg. art. 236). Tout autre défaut de comparaître devrait être interprété comme une renonciation de sa part, et l'autorisation de procéder sur la demande lui être refusée jusqu'à ce qu'il se présente. Si c'est le défendeur qui fait défaut, le président se bornera à faire des représentations au demandeur, et cela n'arrêtera pas l'instance (arg. art. 239).

Dans le cas où la demande est motivée par la condamnation de l'autre époux à une peine infamante, le demandeur ne serait pas dispensé de présenter requête au président[2] (C. de proc., arg. art. 307, 879). Celui-ci devra lui faire les remontrances convenables, et, s'il ne réussit pas à le convertir à d'autres idées, l'autoriser à intenter l'action qu'il pourra poursuivre alors par la procédure sommaire établie par l'art. 261. Et cette marche sera la même, que l'époux condamné ait terminé sa peine ou non; seulement dans le premier cas, l'ordonnance dont parle l'art. 876 du Code de procédure devra faire comparaître les deux parties. Mais l'époux flétri, admis à la conciliation, sera toujours exclu de l'instruction[3]. Il y a même motif de décider qu'en cas de demande en divorce, la cause d'infamie peut être pardonnée, mais non effacée, et l'autre époux

[1] Mais il irait au delà de ses devoirs et de ses pouvoirs s'il arrêtait l'action en remettant à un autre jour une tentative de conciliation qui aurait d'abord échoué.

[2] Zachariæ, Aubry et Rau, § 493, 1°.

[3] Toutefois, pour faire valoir ses fins de non-recevoir, l'époux défendeur pourra intervenir au procès ou attaquer par voie de tierce opposition le jugement qui aurait admis la séparation de corps (n°27).

a le droit de l'invoquer toujours (v. *supra*, n° 19). D'ailleurs il y a chose jugée.

33. Art. 878. « S'il ne peut y parvenir, il rendra ensuite de la première ordonnance une seconde, portant qu'attendu qu'il n'a pu concilier les parties, il les renvoie à se pourvoir, sans citation préalable, au bureau de conciliation.... » Le renvoi à se pourvoir habilite la femme à poursuivre l'instance, qu'elle soit demanderesse ou défenderesse, majeure ou mineure. Il n'est pas possible, en effet, de la soumettre ici à l'obligation de l'autorisation maritale pour ester en justice. La demande suivra donc son cours, mais sans être rendue publique, ainsi que l'art. 866 du Code de procédure l'établit pour la demande en séparation de biens. Le silence de la loi, et cette considération que la publicité rendrait plus amère et plus irréconciliable la guerre qui s'allume entre les époux [1], sont des motifs suffisants pour le décider ainsi. Le jugement de séparation seul sera rendu public (C. de proc., art. 880).

34. *Des mesures provisoires destinées à sauvegarder les intérêts des époux et des enfants.* Toutes les mesures établies à cet égard dans la procédure du divorce sont applicables à celle de séparation de corps : il y a identité de motifs. Ainsi, la garde des enfants doit être laissée au mari, à moins qu'il n'en soit autrement ordonné par le tribunal, sur la demande, soit de la mère, soit de la famille ou du ministère public, pour le plus grand avantage des enfants (art. 267). Le président ne pourrait pas prendre sur lui une mesure aussi grave et qui blesse directement l'autorité pater-

[1] M. Demolombe, p. 560, n° 448.

nelle et maritale. La personne à qui les enfants seront confiés pendant l'instance est choisie par le tribunal ; toutefois, cette mesure, essentiellement provisoire, peut être révoquée à chaque instant. Mais s'il s'agit de pourvoir à la sûreté de la femme, le président est compétent pour lui assigner une résidence. (art 8., 4 du C. de proc., cbn. avec art. 268 du C. Nap.). Mais s'il ne l'a pas fait et si dans le cours du procès la femme, défenderesse ou demanderesse, est inquiétée et veut quitter le domicile conjugal, ce sera au tribunal à fixer sa résidence (art. 268) où il le jugera bon, même hors de l'arrondissement du domicile marital[1]. Il pourrait même, suivant les circonstances, assigner à la femme la maison conjugale et en faire sortir le mari[2]. Rien ne s'y oppose ; l'art 268 ne prévoit que le cas le plus fréquent ; *lex curat de eo quod plerumque agitur*. Le même motif doit faire admettre, à ce qu'il semble, un mari vieux ou infirme, plaidant en séparation pour sévices, à demander que sa femme soit écartée de la maison commune, s'il ne pouvait pas la quitter lui-même. L'autorisation de quitter la maison du mari, accordée à la femme par le président du tribunal, est accompagnée de l'ordre de lui remettre ses effets d'usage journalier (art. 878). Mais s'il s'agit d'une provision, c'est-à-dire d'une avance de fonds destinée à pourvoir à son existence et aux frais du procès, la demande en devra être portée à l'audience. Le mari peut être en position de former une pareille demande comme la femme, dans le cas où, sous un régime exclusif de communauté, il est sans fortune personnelle (art. 878). Cette demande ne devra être adjugée

---

[1] Pour : M. Démolombe, p. 564, n° 456.
[2] Ibid., n° 457.

qu'en cas de besoin justifié, et si la femme n'a pas la jouissance de biens propres[1]; mais, à cause de cela même, elle pourra être adjugée en instance d'appel; son caractère tout provisoire la dispense de la règle des deux degrés de juridiction[2]. — Enfin, comme les intérêts pécuniaires de la femme commune en biens peuvent être menacés sérieusement par un mari poussé à la vengeance par une colère aveugle, il importe de lui donner les moyens de les garantir : les art. 270, 271, qui prescrivent les mesures à prendre à cet égard et frappent de nullité les actes faits par le mari en fraude des droits de sa femme (art. 1167) pendant l'instance en divorce, pourront être invoqués ici. Mais le droit d'administration et d'aliénation reste en principe au mari, toujours encore chef de la communauté[3] (arg. art. 270, 271). Si les remèdes aux spoliations de la communauté par le mari semblent insuffisants, la femme peut recourir à l'art. 869 du Code de procédure, qui, conformément au droit commun (art. 1180), lui accorde la faculté de faire tous actes conservatoires de ses droits, s'ils sont menacés par des dilapidations du mari qui seraient des motifs pour demander la séparation de biens[4] (arg. art. 307 du C. Nap., et art. 879 du

---

[1] Faut-il décider que si la femme quitte la résidence qui lui est indiquée par le président, le mari est autorisé à lui refuser le paiement de la provision, par arg. de l'art. 269 ? Cela doit paraître d'autant plus douteux, qu'il y a *besoin* de la part de la femme, et jugement qui oblige le mari à payer la provision, tandis qu'une simple ordonnance fixe la résidence. D'ailleurs l'art. 269, étant pénal, ne doit pas être étendu. V. cependant Zachariæ, § 493, 2°, 2, al. 2.

[2] M. Démolombe, p. 566, n° 459.

[3] M. Massol, p. 171, n° 20 et suiv.

[4] Rien n'empêchera la femme d'intenter une demande principale en sé-

C. de proc.). Ces autres mesures de conservation pourraient être, par exemple, le séquestre des meubles ou
des immeubles (art. 1961, 2°), le dépôt à la caisse des
consignations du numéraire de la communauté 1.

35. *De l'instruction.* Elle se fait de la même manière que pour toute autre demande civile, sauf que, la
séparation intéressant l'ordre public et l'état des personnes, le ministère public doit toujours être entendu,
et que le jugement doit être rendu sur ses conclusions
(C. de proc., art. 83, 1° et 2°, et 879). Toutefois,
certaines exceptions proviennent en cette matière de la
nature des choses. Ainsi, en ce qui concerne la preuve,
les parents et domestiques ne sont pas reprochables du
fait de la parenté ou de la domesticité (art. 251), car
c'est d'eux surtout et quelquefois d'eux seulement que
la justice peut attendre des lumières sur les scènes d'inté-
rieur. Si des ascendants avaient même bu ou mangé avec
une partie (art. 283 du C. de proc.), ils ne seraient pas
récusables pour cela. Du reste, les autres dispositions de
l'art. 283 du Code de procédure doivent subsister, et ce
serait à tort qu'on voudrait soutenir que l'art. 251 est
le seul applicable en cette matière, sans l'interpréter à
l'aide de cette disposition générale du Code de procédure. D'autre part, l'aveu doit être écarté des moyens
de preuve, pour éviter toute possibilité de séparation
volontaire, par consentement mutuel. D'autre part en-

paration de biens, demande qui sera publiée et affichée, et qui fera remonter la séparation de biens à l'époque où elle a été intentée (v. *infra*,
n° 42).

1 M. Demolombe, p. 574, n° 465 et suiv. Il faudrait que ces actes conservatoires fussent autorisés par le tribunal s'ils enlevaient au mari la
possession des objets communs; mais cette autorisation n'est pas nécessaire pour faire apposer les scellés (M. Massol, p. 165, n° 14).

core, pour le même motif, le juge ne permettra pas la délation du serment, et, parce que ce serait détruire l'égalité entre les parties, il ne le déférera pas lui-même au demandeur. Ce supplément d'une preuve incomplète serait d'ailleurs une arme trop dangereuse, et le demandeur qui ne peut pas prouver autrement doit être débouté de sa demande. Une preuve qu'on pourrait être tenté d'invoquer ici, c'est la notoriété publique, mais le juge n'y doit voir en principe qu'une présomption.

En ce qui concerne les formalités de procédure, les délais, la péremption, les récusations de juges, les enquêtes, les descentes et vues des lieux, les interrogations sur faits articles, les rapports d'experts, la constitution d'avoués, le désistement, les jugements, l'appel, l'opposition, etc...., les règles de droit commun sont en général applicables à un procès en séparation de corps. Il serait trop long d'entrer dans l'examen des différents cas où il peut y avoir exception; les principes ont été posés (n° 30); les conséquences doivent en être tirées, et les différentes règles interprétées conformément à la nature des choses [1].

36. *Du jugement.* La séparation de corps n'a pas besoin, comme le divorce (art. 264), d'être prononcée par l'officier de l'état civil; c'est le jugement même qui l'opère. Le tribunal peut-il le retarder, en appliquant les art. 259 et 260 qui permettaient de surseoir pendant une année au jugement qui prononçait le divorce, quand la demande avait été intentée pour cause d'excès, de sévices ou d'in-

---

[1] Ainsi l'intervention des créanciers devra être repoussée pendant l'instance, et leur tierce opposition n'est pas admissible; les droits qui leur compètent seront examinés lorsque nous établirons les effets du jugement quant aux biens (n° 43).

jurès graves ? La négative résulte de l'art. 307, qui porte que l'action en séparation de corps « sera intentée, instruite et jugée de la même manière que toute autre action civile. » Donc le jugement de l'affaire en état ne peut être différé (C. de proc., art. 342 et 343). Cet argument doit décider la question. D'ailleurs, la séparation de corps ne devant pas, dans la pensée du législateur, être sans fin, et la réconciliation des époux pouvant la faire cesser, il n'y a pas les mêmes motifs qu'en cas de divorce pour faire désirer une remise semblable du jugement[1].

L'expiration des délais d'appel rend la séparation définitive (C. de proc., art. 157, 158, 443, 444). Quant au désistement de l'appel, s'il est fait par le demandeur repoussé dans sa demande, il équivaut à réconciliation (C. de proc., art. 403). S'il est fait par le défendeur, — comme l'appel remet toute l'affaire en question, qu'il n'est pas permis en matière qui intéresse l'ordre public de renoncer à un droit qui vous appartient, et que se désister de l'appel reviendrait à consentir volontairement à la séparation, — il faut le déclarer non recevable, de même que l'acquiescement au jugement, par renonciation à la faculté d'appel[2]. La cour d'appel juge les séparations de corps en audience ordinaire, et non plus en audience solennelle[3]. Le pourvoi en cassation n'est pas suspensif, comme en matière de divorce (art. 263), art. 307. Enfin, pour que le jugement de séparation de corps soit opposable aux tiers, dans ses effets sur les biens, il doit être publié et affi-

---

[1] Contre : M. Massol, p. 182, n° 27. Pour : M. Demolombe, p. 587, n° 486.

[2] M. Demolombe, p. 591, n° 488.

[3] Ordonnance royale du 16 mai 1835.

ché comme l'indique l'art. 880 du Code de procédure (v. C. de proc., art, 872; C. Nap., art. 1445; C. de comm., art. 66). Mais la séparation de biens qui résulte de ce jugement n'est pas soumise à la nullité provenant pour la séparation de biens obtenue directement du défaut d'exécution dans la quinzaine, car le motif qui a fait établir cette nullité n'existe pas ici[1].

CHAPITRE IV.

DES EFFETS DU JUGEMENT DE SÉPARATION DE CORPS.

37. C'est le tribunal, et non l'officier de l'état civil, qui prononce la séparation de corps, car le mariage n'est pas dissous. Cependant des effets considérables sont attachés à ce jugement; effets quant à la personne des époux, effets quant aux enfants, effets quant aux biens.

38. *De la personne des époux.* Du mariage naît le droit absolu de chacun des époux à la cohabitation, c'est le droit sur le corps; la loi établit ce droit sous la forme de l'obligation imposée à l'autre époux (art. 214); c'est la forme objective la plus sensible du droit. Du mariage naît le droit relatif à l'obéissance de la femme pour le mari, à la protection du mari pour la femme; la loi établit ce droit sous la forme du devoir parfait, forme objective moins absolue du droit (art. 213). Du mariage enfin naissent des devoirs plus spécialement de morale,—fidélité, secours, assistance (art. 212),—mais que le droit invoque, et dont il fait la base de ses prescriptions. La séparation de corps, *separatio quoad tho-*

---

[1] V. Zachariæ, par MM. Aubry et Rau, § 493, 1°, note. M. Demolombe, p. 620, n° 518.

rum et mensam, détruit entièrement le droit absolu sur le corps; l'art. 214 disparaît. Elle ne détruit le droit relatif qu'en tant qu'il découle de la cohabitation, c'est-à-dire laisse subsister en lui tout ce qui n'est pas incompatible avec la séparation d'habitation; l'art. 218 résiste en partie : l'autorisation maritale, en tant qu'elle est une conséqueuce du devoir corrélatif de protection et d'obéissance, reste. Enfin la séparation de corps laisse entiers les devoirs moraux. L'art. 212 continue à être la loi du mariage. Ces principes, en harmonie avec la nature de la séparation de corps, qui laisse subsister le lien (le lien est dans le devoir et non dans le droit), doivent décider de la solution des questions qui se présentent à la discussion. La fidélité reste un devoir pour les époux; mais ce devoir trouve-t-il encore une sanction dans la loi pénale? On est forcé de répondre affirmativement pour la femme, car son adultère est un délit en tout état de cause; il suffit que le mari le dénonce pour qu'il soit punissable (C. pén., art. 336). Pour la femme donc, le devoir moral de fidélité reste sanctionné par le Code pénal, malgré la séparation de corps. Il n'en est pas de même pour le mari, car la maison commune n'existant plus, son adultère n'est plus punissable (art. 230). Mais si le mari est favorisé dans ses écarts par l'art. 339 du Code pénal, la femme est protégée dans les siens par l'art. 312 du Code Napoléon : « L'enfant conçu pendant le mariage a pour père le mari. » Or, le mariage subsiste, donc les enfants adultérins de la femme appartiennent au mari, et celle-ci peut rendre l'action en désaveu pour adultère (art. 313) irrecevable, en poussant l'effronterie jusqu'à notifier à son mari la naissance de ces enfants. A cet égard encore aucun texte ne permet une autre solution [1], et les principes ne la permettent pas non plus, car une présomption légale de droit, ne peut, jamais céder au fait; il faut une disposition de la loi pour autoriser une dérogation et la preuve contraire. Or, non - seulement l'art. 312 n'est pas suspendu en cas de séparation de corps [2], mais ses conséquences ne sont, même en rien atténuées. Si les tribunaux et quelques auteurs [3] ont reculé devant de pareilles conséquences, et cherché à interpréter plus équitablement la loi, leur interprétation est sortie des textes et est devenue législation; elle doit être rejetée. *Dura lex sed lex.* D'ailleurs il n'est pas permis de toucher d'une main aussi rapide à la base même de l'ordre social, et de mettre par interprétation à la place d'une présomption de légitimité une présomption de bâtardise. Sans doute, en cas de séparation, il y a beaucoup plus à parier contre la paternité du mari que pour; mais enfin, si elle existe dans un cas, ce ne peut pas être à la femme à la prouver. Admettre cela, c'est renverser tout le système du Code civil sur cette matière; donc il faut que cette présomption subsiste, car elle peut en outre, dans bien des cas, être le motif d'une réconciliation; mais il est possible d'en atténuer la force et de détruire ainsi le scandale de cer-

[1] V. Zachariæ, § 491, note 8.

[2] Le projet sur les séparations de 1816, et un projet *ad hoc*, présenté en 1834 à la chambre des pairs, reprenant la proposition faite par la section de législation du conseil d'État, dans la séance du 14 brumaire an X, de faire cesser « la présomption de paternité, lorsque les deux époux ont été séparés de corps, » contenaient une disposition formelle qui abrogeait l'art. 312. Mais ces deux projets ne sont pas devenus lois, non plus que la proposition de la section de législation (Locré, t. VI).

[3] M. Massol, p. 330, n° 10.

taines conséquences[1]. Ou, si l'on veut la supprimer, il faut demander aussi pour la femme la suppression de l'art. 336 du Code pénal, qui permet de la dénoncer comme adultère, même après la séparation du corps.

39. Le devoir de secours et d'assistance subsiste des deux parts, et le droit à des aliments n'est plus, comme dans le cas de divorce, une faveur accordée à l'époux demandeur seulement (art. 301) et que le défendeur qui succombait ne pouvait invoquer à aucun titre (car le mariage ne subsistait plus et les époux devenaient complétement étrangers l'un à l'autre), mais résulte de l'obligation morale qu'impose le mariage, même quand le lit ni la table ne sont plus communs; l'art. 212 dit *les époux*, et non pas les époux non séparés de corps. La nécessité de l'autorisation maritale ne disparaît pas avec la séparation de corps[2] (art. 215, 217). Le pouvoir d'administration est le seul que la loi reconnaisse en ce cas à la femme, de même que lorsqu'elle est séparée de biens seulement. Mais les devoirs de secours, d'assistance, de protection, d'obéissance, sont modifiés par le droit de vivre séparés reconnu par le jugement. Les époux ne pourront plus exiger l'un de l'autre ces soins quotidiens que la maladie, les infirmités réclament; la protection du mari ne trouvera plus à s'exercer, ni l'obéissance de la femme; cette dernière pourra fixer où elle voudra sa résidence; elle ne sera pas plus forcée à suivre son mari que celui-ci à la recevoir. L'autorité maritale a presque entièrement disparu, et ce qui en

---

[1] V. pour les remèdes proposés, p. ex., MM. Aubry et Rau, sur Zacharie, § 494, note 8, *in fine*; M. Demolombe, n° 303, p. 608.

[2] Il résulte de là que le domicile du mari reste celui de la femme (art. 108).

reste, ne peut être exercé que pour l'avantage de la femme.

40. *Des enfants.* Il est un objet sur lequel la volonté des deux époux a dû s'exercer en commun avant la séparation, ce sont les enfants soumis en premier ressort à l'autorité des parents, et en dernier ressort à celle du père. Cette puissance, qui aussi longtemps qu'il peut y avoir conflit de volontés appartient essentiellement au père, et qui se manifeste par des actes tels que la correction (art. 375), le consentement au mariage (art. 148), l'émancipation (art. 377), conserve-t-elle toute sa force après la séparation de corps? Le mariage subsiste, il est vrai, et par conséquent l'art. 373 aussi[1], et l'on ne peut pas appliquer en principe l'art. 302 fait pour le divorce. Mais en fait l'autorité maritale est détruite (n° 39), il n'y a donc plus de prééminence de la volonté du mari sur celle de la femme. Sous ce rapport donc le mariage est dissous, et l'on se trouve ici entièrement dans le cas de faire une application temporaire de l'art. 302, inspiré par l'équité et la nécessité présente, tout autant que par la considération de la dissolution du mariage et de la perpétuité de la rupture. « Les enfants seront confiés à l'époux qui a obtenu le divorce, à moins que le tribunal, sur la demande de la famille ou du ministère public, n'ordonne, pour le plus grand avantage des enfants, que tous ou quelques-uns d'entre eux seront confiés aux soins, soit de l'autre époux, soit d'une tierce personne. » Au fond, l'autorité paternelle subsiste aussi en cas de divorce dans ses principaux effets, consen-

---

[1] En cas de dissentiment entre le père et la mère, pour le mariage de leurs enfants, le consentement du père suffira, comme avant la séparation de corps.

tément au mariage, émancipation, nouvel argument
d'analogie. Nous appliquons donc entièrement à la séparation de corps l'art. 302 qui laisse au tribunal une
grande latitude dans son pouvoir de décider pour le
bien des enfants, à la suite des faits révélés par le procès,
et qui auront dû l'éclairer sur le caractère de chacun
des époux. Tel est l'esprit qui a présidé à la rédaction
de cet article[1]. Nous pensons donc que le père qui a
obtenu la séparation peut, sur la demande de la famille
ou du ministère public, être privé de la garde de ses
enfants, et qu'il peut aussi, si la séparation a été prononcée contre lui, être privé de cette garde sans que la
famille ou le ministère public le demande[2]. Toutefois,
comme le père conservera toujours l'usufruit légal
jusqu'à la dissolution du mariage qui ne peut arriver
que par la mort (art. 384), la disposition pénale de
l'art. 386 ne pouvant pas lui être appliquée[3], il faudra en général que les motifs qui lui feraient enlever les
enfants soient sérieux et plus graves qu'en cas de divorce. Pour ce qui est de l'art 303, il faut l'appliquer *a
fortiori*, le mariage n'étant pas dissous : « Quelle que
soit la personne à laquelle les enfants seront confiés, les
père et mère conserveront respectivement le droit de
surveiller l'entretien et l'éducation de leurs enfants, et

[1] Locré, t. V, IX, 22. *Discours* de M. Treilhard, XII, 31. Dans le
premier article on avait abandonné le sort des enfants à la décision de la
famille; mais, sur l'observation de Cambacérès, l'article fut rédigé ainsi
qu'il est.

[2] V. en ce sens : M. Demolombe, p. 609, n° 811, et tous les arrêts
cités; M. Massol, p. 319, n° 1.

[3] M. Demolombe, p. 608, n° 810. Zachariæ, par MM. Aubry et Rau,
§ 494, note 4; cette peine, la perte de l'usufruit, est en effet, d'autre
part, une conséquence de la rupture du mariage (v. *infra* n° 49).

seront tenus d'y contribuer à proportion de leurs facultés. » Les devoirs que la maternité et la paternité imposent ne sont pas détruits par les torts que les époux peuvent avoir l'un envers l'autre, la loi reconnaît à juste titre ces devoirs et en permet l'accomplissement en donnant à la mère comme au père le droit de visiter les enfants, de les interroger, sans que l'autre époux ou le tiers gardien puisse les en empêcher. Les enfants sont le lien qui subsiste quand tous les autres sont relâchés, et combien de fois l'affection des parents pour eux ne devient-elle pas un motif de rapprochement, de réconciliation, de pardon ! La garde des enfants n'est pas une tutelle[1], c'est-à-dire qu'elle ne remplace pas la paternité ou la maternité[2]; elle n'est qu'un moyen de soustraire les enfants, soit à de mauvais exemples, soit à une éducation funeste; elle ne doit pas contrarier le juste intérêt d'affection des parents qui peut subsister, et c'est en cela encore que la séparation de corps est préférable au divorce; les enfants restent l'objet de la tendresse de ceux qui leur ont donné le jour, ils consolent l'époux malheureux qui vivra pour eux et sont pour

---

[1] Le gardien des enfants, qui peut être une femme, doit être remplacé par un tuteur aussitôt que la mère ou le père meurt.

[2] Aussi le père et, à sa mort, la mère qui pourrait être nommée tutrice, conserveront-ils le droit d'administrer les biens personnels de l'enfant, dont l'usufruit ne leur appartiendrait pas. — Le droit du tiers gardien est un droit d'administration, qui ne doit pas lui permettre de nuire aux enfants : ainsi il faut lui interdire de se rendre cessionnaire d'un droit litigieux qui intéresse l'enfant (art. 450), de se rendre adjudicataire de ses biens, de recevoir des libéralités de sa part, de traiter avec lui sur sa gestion avant la reddition de compte (art. 472), et en général de faire ce qui est interdit au tuteur dans l'intérêt du pupille. Il n'est, du reste, pas soumis à l'hypothèque légale.

l'époux coupable une vivante exhortation à un retour repentant au foyer conjugal.

41. *Des biens.* « Quand les personnes sont judiciairement séparées, la communauté d'intérêts cesse avec la communauté d'existence; toutes les conventions matrimoniales destinées à régler les droits des époux et la contribution aux charges du ménage disparaissent *ipso facto* ; la séparation des biens est attachée nécessairement à celle des personnes (art. 311). C'est là une prescription d'ordre public à laquelle il n'est pas permis de déroger ni de renoncer. Mais si le ménage n'existe plus, la famille subsiste, et la famille trouve sa réalité extérieure dans sa fortune; c'est sa fortune qui fait sa personnalité sociale[1]. Si donc le législateur a bien fait de séparer les biens des époux, il n'a pas pu désirer que cette disposition nuisît en rien aux enfants. En cas de divorce, qui dissout la famille, nous le voyons s'occuper d'eux avec sollicitude et empêcher que leurs droits ne soient atteints (art. 304, 305). A plus forte raison la séparation de corps ne doit-elle pas être fatale à leurs intérêts, et si, par une juste conséquence, elle annihile le contrat de mariage en tout ce qui touche au règlement des droits et des obligations respectifs des époux, toutes les conséquences de ce contrat favorables aux enfants subsistent en principe; c'est ainsi, par exemple, que les immeubles dotaux restent inaliénables (art. 1554)[2]. Si la famille souffre de la séparation de corps

---

[1] V. Hegel, *Philosophie des Rechts*, t. VIII, § 169.

[2] Zachariæ, § 539, note 2, 21 et 32. Ces immeubles deviennent prescriptibles (art. 1561, al. 2); mais, comme ils sont inaliénables et que la femme ne peut agir pendant le mariage, l'usucapion ne commence à courir contre elle qu'à partir de la dissolution du mariage; la femme con-

dans ses intérêts moraux, elle ne doit pas en souffrir
dans ses intérêts pécuniaires, et toutes les dispositions
prises par le législateur dans un intérêt d'ordre et de
justice, en cas de séparation de biens prononcée au principal, dissolution de la communauté (art. 1441), res-
titution des biens dotaux à la femme (art. 1531) avec
pouvoir de disposer du mobilier et de l'aliéner (art. 1449
cbn. art. 217), présomption de renonciation à la communauté de la part de la femme qui n'a pas accepté dans
les trois mois et quarante jours (art. 1463[1]), lui ont été
inspirées non-seulement par la considération qu'il n'y
a plus de ménage, mais encore par celle que toutes ces
mesures sont de nature, en général, à conserver le patrimoine de la famille, une fois que la haine et la guerre
ont pris la place de l'amour et de la paix.

Ces conséquences de la séparation de corps sont
forcées, et aussi bien qu'il n'est pas permis d'y échapper directement en y renonçant, on ne peut y échapper
indirectement au moyen de l'art. 1444, qui ne saurait
trouver d'application ici (n° 36).

42. Cependant, si les résultats de la séparation de
biens sont identiques, qu'elle ait été prononcée directement ou qu'elle suive la séparation de corps, il ne faut
pas perdre de vue que l'action en séparation de biens
repose sur de tout autres motifs que celle en séparation
de corps, et cette différence doit empêcher l'application
à la seconde de ces actions de la disposition établie pour

servera donc encore pendant dix ans, à dater de cette époque, l'action
en nullité de l'aliénation.

[1] Cet article ne prévoit que la séparation de corps ou le divorce, mais
la séparation de biens directement obtenue produit à fortiori le même
effet (Zachariæ, § 517, note 10).

la première, par l'art. 1445, al. 2, ainsi conçu : « Le jugement qui prononce la séparation de biens remonte, quant à ses effets, au jour de la demande. » La demande en séparation de biens ne peut être appuyée que sur le péril de la dot ou de l'industrie de la femme occasionné par le désordre du mari ; la femme seule peut la demander (art. 1443, 1563). La séparation de corps, au contraire, peut être intentée par la femme sans que les affaires du mari soient en désordre, ni que la dot soit en péril, et il appartient aussi au mari de la poursuivre. Dans le premier cas donc, il importe de faire remonter les effets du jugement de séparation de biens au jour de la demande, afin que les actes de dissipation ou de fraude faits par le mari postérieurement à cette demande soient annulés de plein droit. Il n'en est pas ainsi dans le second[1]. Et si c'est le mari qui est demandeur, comment songer à faire produire son effet à la disposition en question ? — Les jugements, il est vrai, sont simplement déclaratifs de droits, et la demande, si elle est fondée, indique que le droit existait à l'époque où elle a été portée devant les tribunaux. Mais sur quoi repose cette règle de procédure relative à la rétroactivité des jugements ? Sur ce principe que le défendeur, s'il était dans son tort, pouvait et devait acquiescer à la demande. Or, il n'est permis d'acquiescer ni à la demande en séparation de corps, ni à celle en séparation de biens ; voilà pourquoi l'exception introduite pour cette dernière par l'art. 1445 est nécessaire ; mais il

---

[1] Nous avons reconnu à la femme demanderesse en séparation de corps le droit de demander la séparation de biens durant l'instance ; elle pourra donc se défendre contre les dissipations que la vengeance pourrait inspirer au mari, l'art. 1445, al. 2, étant alors de plein droit applicable (n° 34).

n'est pas permis d'étendre une exception au delà du cas qu'elle prévoit, surtout quand les mêmes motifs n'y autorisent pas, et les motifs des deux demandes sont tout différents. Donc, entre les époux la séparation de biens ne peut pas remonter au delà du jugement de séparation de corps qui la produit, ne peut donc pas remonter à la demande qui ne l'avait pas en vue, et qui ne contenait pas, à vrai dire, en elle, le droit à la séparation de biens. D'ailleurs cette rétroactivité n'existait pas en cas de divorce; il n'y a donc pas de raison pour l'introduire ici[1]. Quant aux tiers, il résulte de la non-publicité de la demande en séparation que le jugement ne leur est opposable qu'à dater de sa publication, conformément à l'art. 880 du Code de procédure, et que c'est de ce moment seulement que la séparation de biens existe pour eux[2]. Il résulte entre autres de cette non-rétroactivité que les successions échues aux époux pendant l'instance tombent dans la communauté; que la femme n'a d'autre moyen d'éviter d'être tenue pour sa part des dettes contractées pendant ce temps par le mari que la renonciation à la communauté; et que, les pouvoirs du mari sur les biens étant restés entiers, l'usage qu'il en aura fait ne pourra pas être critiqué, ni les actes qu'il aura passés attaqués, à moins de fraude (art. 271; n° 34). Les tiers acquéreurs de bonne foi, c'est-à-dire qui auront contracté avec le mari sans connaître

---

[1] V. M. Demolombe, p. 614, n° 814. En sens opposé : Zachariæ, § 515, texte et note 12; M. Massol, p. 203, n° 13. Le cas que ce dernier auteur prévoit d'une demande en séparation obtenue non sur les premiers faits invoqués, mais sur des faits postérieurs survenus pendant l'instance, plaide en faveur de la solution adoptée au texte.

[2] Zachariæ, ibid., arg. art. 271.

la demande en séparation, seront protégés par cette bonne foi contre toute recherche de la part de la femme. Enfin les fruits et les intérêts des biens propres tomberont dans la communauté.

43. Les créanciers ne sont pas admis à intervenir dans l'instance en séparation de corps[1]; mais, par cela même qu'ils sont exclus du procès et inaptes à combattre le jugement[2], ils doivent être admis à la liquidation de la communauté[3] et à attaquer le partage consommé sans eux et au mépris d'une opposition qu'ils auraient formée (art. 882, 1167). C'est pour qu'ils soient prévenus du jugement qui modifie les droits du mari que le Code de procédure (art. 880) en ordonne la publicité. Ce sera donc à eux à se reprocher leur négligence, s'ils se mettent hors d'état d'attaquer le partage commencé postérieurement au jugement, conformément à l'art. 882. Cependant, si l'acte de partage frauduleux a été fait clandestinement, leur action en nullité, proposée non pas au nom de leur débiteur copartageant en vertu de l'art. 1166 du Code Napoléon,

---

[1] Mais le donataire d'un objet de la communauté pourra être recherché malgré sa bonne foi (L. 8, *Cod. de revoc. his quæ in fraudem*). Le bénéfice de discussion ne saurait non plus être invoqué par lui, car la femme n'agit pas comme créancière, mais comme copropriétaire. Elle *certat de damno vitando*, lui, *de lucro captando*. Le mari donateur de la chose n'est pas tenu à la garantie.

[2] L'art. 873 du Code de procédure leur accorde la tierce opposition contre le jugement de séparation de biens; s'il faut leur refuser ce recours contre le jugement de séparation de corps, rien, ce nous semble, ne les empêcherait de se pourvoir par cette voie contre la partie du dispositif du jugement, qui ferait à leur détriment une liquidation frauduleuse des reprises de la femme. Ils ont trente ans pour cela. Zachariæ, par MM. Aubry et Rau, § 818, note 16; M. Massol, p. 140, n° 31, note 1.

[3] V. Zachariæ, par MM. Aubry et Rau, § 493, texte et note 12.

mais en leur nom personnel, en vertu de l'art. 1167, al. 1, sera recevable pendant trente ans, la seule prescription qui couvre la fraude d'un acte où l'on n'était pas partie (arg. art. 882, 1304 et suiv.).

44. Les biens des époux ne perdent pas après la séparation de corps le caractère de patrimoine des enfants qui leur est inhérent; et s'ils sont séparés dorénavant, ce n'est pas à titre de peine, mais à raison de l'impossibilité de les laisser réunis; aussi la loi ne s'occupe-t-elle ni du demandeur ni du défendeur quand elle fait de la séparation des biens une règle absolue (art. 311). Cependant, en cas de divorce, la loi faisait plus que de rendre à chaque époux ce qui lui appartenait; elle distinguait les biens suivant leur titre de propriété, et enlevait à l'époux qui avait amené le divorce ceux dont la propriété lui avait été attribuée par le contrat de mariage ou, depuis le mariage contracté, à titre d'avantages (art. 299), tandis qu'elle laissait à l'époux innocent ces mêmes avantages, malgré la stipulation de réciprocité (art. 300). C'était établir une déchéance pécuniaire énergique en révoquant de droit des conventions matrimoniales irrévocables de leur nature (art. 1395), et les donations pendant le mariage pour la révocation desquelles la volonté de l'époux donateur doit intervenir (art. 1096). Mais cette déchéance n'avait pas le caractère exclusif de la peine, réparation d'un délit, elle avait été établie en considération du légitime intérêt de l'autre époux et non pas en considération seulement de la faute. C'était une juste satisfaction donnée au conjoint innocent autant qu'une punition du coupable[1].

---

[1] V. Locré, t. V, XII, 32. *Exposé des motifs*, par M. Treilhard.

Or, si une semblable satisfaction n'est pas aussi indispensable pour l'époux qui a obtenu la séparation de corps, parce que ses libéralités ne peuvent pas devenir le patrimoine d'une nouvelle famille par le mariage de son conjoint coupable, il n'en est pas moins certain qu'il est cruel pour lui de voir ses bienfaits alimenter l'indépendance de la personne ingrate qui les avait reçus en vue de la vie commune. Il avait donné pour le mariage, et voilà que ses dons servent contre le mariage, deviennent souvent l'aliment de l'immoralité! Sous ce rapport donc, il y a similitude d'intérêts entre l'époux qui a obtenu la séparation de corps et celui qui a obtenu le divorce. Et l'époux contre lequel la demande a réussi, est-il moins coupable dans un cas que dans l'autre? Non, car les causes de divorce sont les mêmes que celles de la séparation (art. 306); par conséquent il est aussi punissable. Et quand la peine consiste comme ici dans une déchéance pécuniaire, pourquoi ne pourrait-on pas la lui appliquer? S'il s'agissait, en l'absence de l'art. 308, de décider si la femme adultère sera condamnée à la prison par le jugement de séparation de corps, ainsi que devait l'être celle qui avait donné lieu au divorce pour le même motif (art. 298), ou, — en supposant que les art. 299 et 300, au lieu de faire de la punition pécuniaire du conjoint coupable divorcé une déchéance en faveur de l'autre, en aient fait une amende, — s'il s'agissait de décider si cette amende frappera également le conjoint coupable séparé de corps, il ne faudrait pas hésiter à dire : non; *pœnalia non sunt extendenda*. Ce seraient là de vraies peines, que l'interprétation ne pourrait pas transporter d'un cas à un autre. Mais nous appliquons, sans hésiter, à la séparation de corps les art. 299 et 300 qui dérivent d'un principe d'équité de droit commun, d'autant plus volontiers d'ailleurs que ce sera protéger les enfants et le mariage lui-même.

45. L'histoire et la loi vont venir fortifier ce que le raisonnement établit. Non pas qu'on puisse se faire un argument en cette matière des traditions de l'ancienne jurisprudence; car il est certain, d'une part, que la séparation de corps du Code civil est une institution toute différente de celle de l'ancien Droit, et, de l'autre, il paraît que l'ancien Droit lui-même ne connaissait pas la révocation de plein droit des libéralités et donations, mais laissait au juge le pouvoir de l'adjuger à l'époux demandeur [1]. On ne peut donc pas raisonner par analogie de la séparation de corps antérieure à la révolution, car, si les rédacteurs du Code civil ont manifesté l'intention de la rétablir (v. *suprà* n° 9), ils ne l'ont pas fait en réalité; ils ne l'eussent pas inventée, voilà tout ce que prouve cette intention. Mais il résulte de tous les travaux préparatoires sur cette matière [2] que la sépara-

[1] Collection de M. Denisart, v° *Révocation de donation*, n° 17, et *Séparation de corps*, n° 76. Une proposition dans le même sens fut faite par le tribunal dans ses observations sur les art. 299 et 300 : il les amendait ainsi, en les réunissant en un seul article : «Le divorce pour cause déterminée annule, nonobstant toutes conventions contraires, *tous les avantages matrimoniaux stipulés entre les époux*, soit par le contrat de mariage, soit depuis, et ceux qui ont pu être faits à l'un d'eux par les père, mère et parents de l'autre, *sauf aux juges à accorder, à titre d'indemnité, à l'époux demandeur une partie ou la totalité des avantages matrimoniaux, selon la gravité des torts de l'époux défendeur*.» Locré, t. V, X, 29. Le tribunal se rapprochait en ce point de la loi de 1792.

[2] Procès-verbaux du conseil d'État; séance du 14 vendém. an X.—Séance du 26 vendémiaire an X. — *Exposé des motifs* par M. Treilhard. — *Rap-*

tion de corps reçut une organisation analogue à celle du divorce, qu'elle fut une ressource accordée aux catholiques, et que ses effets devaient être les mêmes en tant que compatibles avec le maintien du lien conjugal. Malgré les observations du premier Consul que ce sont là « deux institutions parallèles, et que des parallèles ne doivent jamais se toucher, » nous avons vu qu'elles se touchent souvent, et au point de départ d'abord. La séparation de corps est un remède définitif et non provisoire. Il eût pu en être autrement sans doute, mais il en est ainsi. Or, s'il ne faut pas tirer de cette observation plus qu'elle ne contient, elle fournit cependant un premier argument de poids historiquement : si le catholique n'avait pas obtenu en demandant la séparation les mêmes avantages qu'en demandant le divorce, il aurait été tenté par la loi de recourir, malgré sa conscience, à ce dernier, et, pour ne pas être lésé dans ses intérêts pécuniaires, il aurait forfait à sa religion. Or, c'est pour éviter une pareille tentation que la séparation de corps fut introduite. Donc cette institution aurait manqué son effet principal si elle n'eût pas été réglée, quant à ses effets, par les art. 299 et 300. Mais n'insistons pas. Le divorce est aboli, et cet argument a perdu sa valeur [1]. Examinons la loi.

46. De texte décidant la question directement, il n'y en a pas ; mais il en existe un qui la décide indirectement, c'est l'art. 1518. « L'époux qui a obtenu, soit le

---

port par M. Savoye Rollin. — *Discours* de M. Gillet. — Locré, t. V ; I, IV, XII, XIII, XV.

[1] Il en est de même de celui qu'on a tiré de l'art. 310, qui, d'autre part, ne nous semble pas décisif (Zachariæ, § 494, note 12, p. 377).

divorce, soit la séparation de corps[1], conserve ses droits au préciput en cas de survie, » Donc l'autre époux perd ce préciput. Mais cette déchéance n'est écrite nulle part pour l'époux défendeur en séparation de corps. Il faut par conséquent que le législateur, en assimilant formellement dans leurs effets les deux causes de dissolution de la communauté, divorce et séparation de corps, ait tacitement appliqué à la seconde la disposition relative à la première, c'est-à-dire l'art. 299; donc il a voulu que cet article régît la séparation de corps. Ce raisonnement ne souffre pas d'objection, et il faut le compléter ainsi : si la clause de préciput, irrévocable de sa nature, parce qu'elle ne peut être faite que par le contrat de mariage (art. 1395), est révoquée contre l'époux défendeur en séparation de corps, par un effet immédiat du jugement, par suite les autres avantages du contrat de mariage tomberont également, et à plus forte raison seront révoqués ceux faits depuis le mariage contracté, qui sont essentiellement révocables[2]. Le préciput, en effet, est un *avantage* comme tout autre, et il n'y a aucun motif pour repousser l'argument d'analogie; l'art. 299 reste entier pour la séparation de corps comme pour le divorce. *Ubi lex non distinguit nec nos distinguere debemus.* L'art. 959, qui dit que « les donations en faveur de mariage ne seront pas révocables pour cause d'ingratitude », n'a que faire ici; car, en supposant même qu'il concerne les donations entre

---

[1] Et non celui qui a obtenu la séparation de biens. Ce sont donc l'adultère, les excès, sévices ou injures graves, la condamnation à une peine infamante, qui, dans la pensée du législateur, sont punis par cette déchéance de préciput.

[2] M. Massol, p. 300.

époux (v. *infra*, n° 48), l'art. 1518, fait pour la matière, y déroge (note 1, p. 83).——

47. Cette révocation absolue et de plein droit des libéralités faites en faveur du conjoint contre lequel la séparation est prononcée, alors que celui qui l'a obtenue conserve celles dont il a été l'objet (car le maintien de l'art. 299 entraîne celui de l'art. 300), peut soulever de justes objections, et la proposition faite par le tribunat de révoquer les avantages des deux parts, en laissant au juge le droit d'accorder au demandeur une indemnité sur les biens du défendeur suivant la culpabilité de celui-ci[1], répondrait mieux à la nécessité des choses, différente selon les cas. En ces matières c'est toujours le fait qui doit décider en dernière analyse, et nous sommes partisan de toute opinion qui laisse au tribunal un grand pouvoir d'appréciation. Mais telle qu'elle est[2], la loi est préférable cependant à ce que veulent en faire ceux qui repoussent absolument l'art. 299. Elle enlève, en effet, à l'époux coupable les bienfaits qu'il a reçus : c'est, avant la séparation, un motif pour ne pas s'exposer à y donner lieu, et, une fois qu'elle existe, un motif pour la faire cesser et pour revenir à la vie commune, seul moyen d'obtenir avec le pardon des avantages nouveaux[3]. Enfin la présomption de moralité et d'amour de la famille et des enfants est, en thèse générale, du côté de l'époux qui demande la séparation, plutôt que de celui qui y donne lieu. Il est donc à désirer que les biens se trouvent entre ses

[1] Note 1, p. 81.

[2] Arrêt de la cour de cassation, chambres réunies, du 23 mai 1848.

[3] Il va sans dire que les libéralités révoquées ne renaissent pas, *ipso jure* par la réunion des époux. Arg. art. 1451.

mains; il les administrera mieux, et les enfants les retrouveront souvent augmentés dans sa succession. L'époux coupable, au contraire, n'en abusera-t-il pas pour lui-même, sans songer aux héritiers de son sang, lui qui n'a pas été arrêté dans ses désordres ou dans ses torts par la considération du mal que sa conduite leur préparait? Ce n'est pas la dissolution du mariage qui explique les déchéances pécuniaires établies par l'art. 929[1]; c'est le relâchement du lien conjugal, effet déplorable qui doit retomber sur celui qui en est la cause.

48. L'époux qui a obtenu la séparation de corps conserve les avantages à lui faits par l'autre époux, encore qu'ils aient été stipulés réciproques et que la réciproque n'ait pas lieu (art. 300). Il ne s'agit ici que des avantages irrévocables stipulés dans le contrat de mariage[2]. Ceux qui sont postérieurs au contrat peuvent être révoqués en vertu de l'art. 1096, qui accorde à cet égard une faculté illimitée de révocation aux époux; il n'est pas nécessaire de prouver l'ingratitude. Quant à ceux qui ont été faits par le contrat, ils ne sont pas révocables pour cause d'ingratitude, pas plus avant qu'après la séparation. Avant, l'époux demandeur en révocation ne devrait pas être écouté, car, si on lui permettait cette plainte, il faudrait qu'il alléguât un attentat à la vie, des sévices, délits ou injures graves, ou un refus

---

[1] Cet article, en effet, ne les applique pas au divorce par consentement mutuel.

[2] L'art. 300 ne répète pas, *soit par le contrat de mariage, soit depuis le mariage contracté*. Il serait donc injuste de faire déchoir de la faculté de révoquer ces derniers avantages l'époux défendeur; car ce serait faire à l'autre époux un titre d'acquisition de la séparation de corps; ce qui serait immoral, et ce que la loi n'a pas pu vouloir. (M. Massol, p. 311, n° 3).

d'aliments (art. 955), et malgré de semblables torts, tous causes de séparation de corps, il ne demanderait pas cette séparation, mais se bornerait à réclamer une somme d'argent! La loi n'a pas voulu que l'attentat à la vie, ainsi qualifié, fût une cause de séparation, afin d'éviter qu'un époux malheureux fût forcé de dénoncer son conjoint à la vindicte des lois; elle a remplacé cette cause par celle d'excès pour ce seul motif, et l'on permettrait d'alléguer l'attentat à la vie pour obtenir, quoi? la révocation d'un avantage pécuniaire! Non, une pareille possibilité n'existe pas sous l'empire de notre Code. Il offre aux unions malheureuses la séparation de corps, remède d'ordre public, pour couvrir les scandales; qu'on s'en serve en cas pareil, ce n'est plus un droit, c'est un devoir. Le législateur, d'ailleurs, a dit lui-même que les donations en faveur de mariage ne sont pas révocables pour cause d'ingratitude (art. 959), et en supposant qu'il n'ait eu en vue ici que les donations faites par des tiers aux époux, ne peut-on pas tirer de l'esprit de cet article un argument plus fort que celui qu'on tire de la lettre? c'est l'intérêt des enfants, celui de la famille qui est en jeu, dit-on, et cet intérêt ne doit pas être blessé par le fait du donataire ingrat : l'innocent paierait pour le coupable! Eh bien! nous demanderons si l'intérêt des enfants est moins menacé par une action en révocation pour ingratitude pendante entre leurs parents que pour la perte d'une somme d'argent? D'ailleurs la terminologie du Code n'est pas rigoureuse (v. art. 960, 1088), et ce n'est pas sur un mot, dont les conséquences ont pu échapper à l'attention du législateur, qu'on peut construire une théorie qui entraînerait des conséquences aussi anormales que celles que nous venons d'indiquer. Il ne faut donc pas hésiter à rejeter l'action en révocation pour ingratitude entre époux non séparés, et une fois la séparation prononcée, il n'y a plus d'ingratitude possible : le jugement a réglé définitivement tout ce qui concerne les intérêts pécuniaires des époux, en appliquant les art. 299 et 300. Admettre plus tard le défendeur qui a succombé à réclamer la révocation des avantages qu'il avait faits à son époux par le contrat [1], ce n'est pas interpréter, mais légiférer, et l'on pourrait aussi bien soutenir alors que la demande elle-même en séparation, quoique adjugée, est un fait d'ingratitude rentrant dans l'art. 955 et pouvant donner lieu à l'action ouverte par l'art. 953. Les donations réciproques sont révoquées de plein droit au profit de l'époux qui a obtenu la séparation ; cet art. 299, éminemment conforme à l'esprit de la loi, n'est pas inconciliable avec l'art. 959, même si celui-ci comprend les donations entre époux ; il est au contraire en parfaite harmonie avec lui, car l'ingratitude comme telle n'est pas ce qui révoque les avantages, mais bien l'ingratitude alléguée comme motif de séparation de corps et amenant cette séparation. Une fois ce résultat obtenu, les libéralités tombent sans demande spéciale. Voilà ce que le législateur a voulu établir, pensons-nous.

---

[1] V. M. Demolombe, p. 641, n° 528. Les deux exemples que cet auteur produit pour prouver la nécessité de permettre l'action en révocation pour ingratitude ne nous touchent pas. Si le conjoint offensé meurt sans avoir intenté l'action, nous ne serons pas pressé d'accorder une action aux héritiers, personnes d'intérêt secondaire, quand leurs réclamations peuvent nuire à la réputation et à l'honneur. — Et quant à la nécessité de faire déchoir à son tour des libéralités de son mari une femme qui a obtenu la séparation et se livre ensuite à l'adultère publiquement, il nous semble qu'il faut y regarder à deux fois pour la reconnaître.

49. Le divorce faisait déchoir l'époux, contre lequel il avait été prononcé, de l'usufruit légal des biens des enfants (art. 386). Il le fallait ainsi, car il était nécessaire d'attribuer cet usufruit à quelqu'un, une fois qu'il n'y avait plus d'époux, et il était juste de l'attribuer à l'époux innocent du divorce. Le père donc pouvait en être déclaré déchu comme la mère, et celle-ci pouvait devenir usufruitière après la dissolution du mariage (art 384). Mais il n'en peut être ainsi après la séparation de corps, car le mariage n'est pas dissous; le père gardera donc toujours l'usufruit légal. Cela doit résulter d'ailleurs de l'impossibilité de l'attribuer aux enfants (art. 384), et de la nécessité où l'on est de prévoir la réconciliation des époux. Si le père mourait après la séparation prononcée, l'usufruit appartiendrait à la mère, et elle le garderait quand même elle se remarierait, car ce n'est pas le cas prévu par la deuxième partie de l'art. 386. La perte de l'usufruit est une conséquence de la dissolution du mariage, d'une part, et de l'autre, c'est une peine. Pour ces deux motifs, on ne peut l'étendre à la séparation de corps.

50. Il en est de même de la déchéance du droit de succéder établie par l'art. 767; cette déchéance, il est vrai, n'est pas une peine, car elle frappe l'époux non coupable, et celui qui est divorcé par consentement mutuel; mais il n'y a plus d'époux, ni par suite d'héritier. Il en est autrement en cas de séparation de corps; le mariage subsiste, donc le droit de succession des art. 723 et 767 aussi[1].

---

[1] Cela résulte encore de ce que la proposition de priver l'époux séparé de corps du droit de succession avait été faite lors de la rédaction de l'art. 767, et qu'elle ne fut pas admise (Locré, t. X, p. 99 et 148).

CHAPITRE V.

DE LA CESSATION DE LA SÉPARATION DE CORPS.

51. On arrive à la séparation de corps par la porte qui mène au divorce (art. 306). En pleine matière, les règles font souvent défaut, et l'on est réduit à chaque pas à prendre pour guide l'analogie avec les dispositions sur le divorce; mais, quand il s'agit de rentrer dans la vie commune, il n'y a plus d'autre guide que l'équité, car la loi du divorce non-seulement ne prévoit pas la réconciliation, mais la défend. De là des difficultés pour la solution desquelles il faut invoquer les principes généraux du Droit.

52. La séparation ayant été établie avec le vœu de la réconciliation, aucune solennité n'est exigée pour constater la réunion des époux; elle s'opère par leur seule volonté[1]. Mais par quels actes, par quels faits cette volonté doit-elle se manifester, si elle n'est pas expresse? Le genre de ces faits peut être déterminé en théorie, mais ce sera aux tribunaux à juger de l'espèce. On peut dire qu'en général ils doivent indiquer dans les deux époux un accord sérieux, s'occupant de l'avenir. Ainsi, le rétablissement de la communauté (suivant l'art. 1451) ne permettrait pas de douter de l'intention de faire cesser la séparation, et il en est de même, en général,

---

[1] Le projet de loi sur les séparations, de 1816, contenait un article (37) qui exigeait «le rétablissement notoire de l'habitation commune ou la déclaration des époux dans un acte authentique qu'ils entendent faire cesser l'état de séparation.»

du retour des époux dans un appartement commun! Mais il ne serait guère possible de citer d'autres actes qui dussent être absolument considérés comme équivalant à l'anéantissement du jugement. La naissance d'un enfant à la femme serait, dans l'état actuel de la législation, une preuve de rapprochement, mais non pas un événement en raison duquel les tribunaux pourraient forcer son mari à la recevoir. Quel intérêt d'ailleurs trouveraient les bonnes mœurs à des rapprochements forcés, ramenant la guerre intérieure et bientôt, sans doute, exigeant une nouvelle intervention de la justice? Il ne faut donc pas admettre facilement un époux à alléguer le retour à la vie commune, et la simple résistance de son conjoint devrait être considérée le plus souvent comme une preuve décisive contre son allégation, comme une fin de non-recevoir. Les circonstances décideront : le défendeur en séparation devra être forcé à faire une preuve plus complète de la réconciliation que le demandeur; mais ce dernier sera forcé de prouver, lui aussi[2], car, quoique le jugement ait été prononcé sur ses conclusions, il n'en appartient pas moins à son conjoint aussi, qui a acheté par la punition et la déchéance des avantages pécuniaires le droit de se dire séparé de corps et de se gérer comme

---

[1] Il faudrait d'ailleurs que les faits allégués pour prouver la cessation de la séparation, ne fussent pas une conséquence des devoirs de secours mutuel, d'assistance, que la loi reconnaît, qu'elle encourage, et qui ne doivent donc pas devenir contre l'époux qui les accomplit une arme pour le forcer à rentrer dans la vie commune, qui peut toujours encore lui paraître odieuse (v. n° 39).

[2] Tous les moyens de preuves des faits allégués pour arriver à la séparation doivent être admis pour arriver à la cessation de cet état, à *fortiori* : les parents et domestiques peuvent donc être entendus (art. 251).

tel. Si le mariage n'est pas dissous, l'union est dissoute, et il faut, pour la rétablir, le consentement mutuel, sous forme de pardon mutuel. Quelques auteurs ont cru pouvoir soutenir le contraire par arg. de l'art. 309, qui permet au mari d'abréger la durée de l'emprisonnement de la femme adultère, en consentant à la reprendre. Cette disposition est d'équité; mais il ne s'ensuit pas que la femme soit forcée dans ce cas à retourner auprès de son mari[1]. Décider autrement, ce serait faire un jeu de la séparation de corps; or, n'oublions pas qu'elle est d'ordre public, qu'elle protége également les deux époux contre les dangers de la vie commune, et que, si l'on ne peut y renoncer d'avance, un acte unilatéral ne peut pas suffire non plus pour la faire cesser. Il y a contrat judiciaire, imposé par la loi aux deux époux, contrat de séparation, obligatoire aussi longtemps qu'il n'y a pas convention contraire, *duorum in idem placitum consensus* (arg. art. 1134). Il en est ainsi pour quelque cause que la séparation ait été prononcée. Il n'y a qu'une seule exception : c'est la révision du jugement qui a prononcé la condamnation infamante, cause de la séparation. La révision suivie d'acquittement, d'absolution ou de condamnation à une peine non infamante, fait considérer le premier jugement comme non avenu[2] (C. d'instr. crim., art. 447). Mais il n'en est pas de même de la réhabilitation qui n'a d'effet que pour l'avenir (C. d'instr. crim., art. 633). Le conjoint séparé réhabilité ne pourrait donc pas obliger l'autre à rentrer dans la vie commune.

53. La séparation de corps cessant, tous les effets du

---

[1] Zachariæ, par MM. Aubry et Rau, §§ 493, 496, note 4.
[2] Zachariæ, § 496, texte et note 6.

mariage quant aux personnes, tous ses devoirs, toutes ses obligations (art. 212 et suiv.) renaissent. Les enfants rentrent sous la puissance du père, et la personne à qui on en avait confié la garde sera obligée de les rendre. De nouvelles causes de séparation devraient amener une nouvelle demande, mais les faits qui ont donné lieu à la première séparation pourraient être invoqués à l'appui et pris en considération par le juge. Les faits antérieurs seraient même à l'abri de toute critique en raison de l'autorité de la chose jugée. Ils ne devraient donc pas être vérifiés une seconde fois. Mais si l'époux demandeur ne les invoquait pas, le juge ne pourrait pas y avoir égard.

54. Toutes ces conséquences de la cessation de la séparation de corps n'intéressent que le mariage comme société de personnes; elles suivent donc de plein droit la réunion des époux. Il en doit être autrement des conséquences du rétablissement de la vie commune quant à la société de biens. La loi, qui fait suivre la séparation de corps de la séparation de biens (art. 311) et prescrit que le jugement de séparation de corps soit publié, ne pouvait pas faire suivre de plein droit la réunion du rétablissement de la communauté, car la réunion peut n'être pas publique. Les intérêts des époux eux-mêmes et surtout des tiers exigeaient la disposition de l'art. 1451, al. 2 : « La communauté ne peut être rétablie que par un acte passé devant notaire et avec minute, dont une expédition doit être affichée dans la forme de l'art. 1445. » Cet article doit être également appliqué, du reste, sous quelque régime que le mariage ait d'abord été conclu : il y a, en effet, mêmes motifs de décider; s'il n'y a pas d'acte authentique rétablissant le contrat de mariage,

les époux continueront à vivre sous le régime de séparation de biens[1] ; et de même, conséquence immédiate,
les libéralités révoquées ne seront pas rétablies; mais
elles devront l'être, si les époux rendent sa force au
contrat de mariage (arg. art. 1451, al. 4) et elles re-
prendront alors le caractère de donations contractuelles,
c'est-à-dire irrévocables. Toutes les modifications au
contrat de mariage introduites par l'acte passé devant
notaire lors de la réunion doivent être déclarées nulles
et non avenues[2] (art. 1451, al. 4). Et, comme c'est ce
retour au contrat primitif que la loi favorise, il faut en
déclarer capables les mineurs, puisque, d'ailleurs, leurs
conventions matrimoniales ont été établies avec l'assistance des personnes dont le consentement est nécessaire pour la validité du mariage[3] (art. 1398).

[1] Il en serait ainsi quand même la séparation de biens n'aurait pas
été exécutée, à la suite de la séparation de corps, car l'art. 311 ne permet pas de distinction (V. M. Demolombe, p. 659, note 843).

[2] Zachariæ, par MM. Aubry et Rau, § 816, note 59.

[3] M. Massol, p. 388, n° 8; M. Demolombe, p. 660, n° 847.

PROPOSITIONS.

DROIT ROMAIN.

I. Les parents peuvent être forcés à consentir au mariage de leur fille, si elle veut épouser un homme d'une condition égale à la sienne.

II. Le seul consentement suffit pour constituer le mariage.

III. Le mariage contracté sans le consentement des parents peut être dissous.

IV. Le mariage n'est pas un contrat.

DROIT CIVIL FRANÇAIS.

I. La dot mobilière est aliénable.

II. L'action en répétition de l'indu peut être dirigée contre le tiers acquéreur à titre onéreux de l'immeuble reçu en paiement, malgré la bonne foi de son auteur.

III. Le mari peut employer la contrainte par corps pour forcer sa femme à rentrer dans le domicile conjugal.

IV. La diffamation entre époux peut donner lieu à la séparation de corps, quoiqu'elle ne soit pas caractérisée de manière à être punie au criminel.

DROIT CRIMINEL.

I. La question intentionnelle reste étrangère au jugement des contraventions.

II. L'adultère commis à l'étranger par une femme française ne peut pas être poursuivi en France.

DROIT PUBLIC.

I. L'hypothèse du contrat social est une base insuffisante du droit public.

II. Le principe de l'équilibre politique forme la doctrine fondamentale du droit des gens actuel.

III. Les législations positives des États ne sauraient prévaloir contre les stipulations des traités.

Vu par le président de la thèse.

SCHÜTZENBERGER.

Vu par le soussigné Doyen,
C. AUBRY.

Permis d'imprimer.
Le Recteur,
DELCASSO.

9 782013 564656